短波時代

從冷戰到民主，從情報播送到和平之聲，讓世界聽見臺灣之音

林欣誼、周馥儀 著

目錄

目錄

* 本書除專有名詞、「中央廣播電臺」（含各分臺、臺長）使用「臺」字外，以「台」為統一用字。

序

一座島嶼，一個電台，和全世界交朋友的故事

中央廣播電臺董事長　賴秀如

我從來沒有見過阿公，卻很早就知道他的二三事。如果用現代用語形容，我阿公是個進步青年。他漢學底子很好，卻也鼓勵我們村子裡的人要認真學國語（日語），晚上還幫大家免費補習。他勤於閱讀報紙，又費了好大工夫一一遊說，讓大村成為彰化最早設立電線桿的小鄉鎮。電來了，電燈亮了，老家也有收音機了。

那台收音機在當年是客廳最寶貝的機器，好大一台卻擺在高處，免得小孩子亂碰。父親很早就喪父，但是提起阿公，他總愛津津樂道這些事。因緣際會，我

分別在二〇〇三至二〇〇六年受林峯正董事長之邀出任改制成財團法人的中央廣播電臺（Rti）總臺長，又在二〇二二年回鍋出任央廣董事長，不知道天上的阿公是不是開心地轉著收音機，聆聽我們的台語和日語節目呢！

或許很多人不知道，央廣是台灣唯一一個用二十種語言和文字，向全世界廣播的國際廣播電台。央廣的聽眾，遍及全球，這些人透過廣播認識台灣，進而愛上這座島嶼，這個國家。多年來，央廣聽眾自動自發地在九個國家組織了十八個央廣聽友會（Rti Listeners' Club）。每次我出席聽友會活動，都會被這些把央廣主持人視為家人，對台灣政治經濟、兩岸動向、流行歌曲瞭若指掌，還會與我分享最新國際同業動態的聽眾深深震撼、感動。

央廣聽眾形形色色，也來自四面八方，其中不少人是對世界局勢與國際新聞感興趣並長期研究的知識分子；他們當中許多人曾協助央廣開拓了與世界各國大學、智庫學者、政商要角、文化圈名人、乃至皇室成員的連結，也大大開拓了央廣的公眾外交角色。

不少聽眾每日固定時間收聽央廣節目，數十年如一日。例如本書提到的日語聽眾北見隆先生，他因為收聽央廣日語節目，經由這獨特的緣分與台灣妻子結縭，甚至還以中文寫出一部台灣廣播史！更有像住在高雄的呂澄男先生這樣的短波迷，二十多年來彙整全世界國際廣播動態，每月把最新短波新聞逐條翻譯給央廣。這些短波通訊資訊多元，很多值得央廣參考或學習，也有些警訊讓我們從中得到警惕，對央廣貢獻非常大。

幾乎每個央廣主持人都有不少忠實粉絲，以前他們寫信，現在透過電郵，社群軟體，往來非常密切。二十年前我們在墨西哥市參加國際會議同時舉辦央廣西班牙語聽友會，一個中學生早早就報名參加，但直到午餐聚會快結束，才在父親陪同下匆匆趕到，讓主持人擔心死了。原來他們住在路途遙遠的鄉間，聽友會當天，父親因為不放心，決定陪兒子一同前來，父子倆天還沒亮就出門，輾轉換車之後才來到墨西哥市的會場，他們甚至來不及坐下來吃飯，靦腆的學生只和主持人聊幾句，和我們拍照合影之後就又得匆匆趕去搭車，因為這一路上毒梟出沒，必須趕在天黑之前回到家。

除了這位令人感動的年輕聽眾，還有個墨西哥小女孩告訴我，他們全家每天晚餐後，在燭光下就著一台收音機和一座地球儀，透過全球的國際廣播節目認識了全世界，包括台灣。雖然家裡電力缺乏，並不影響她的學業表現。女孩得意地告訴我，全家一起聽廣播讓她知識豐富，所以學業成績很好。

她還告訴我，家裡後院長出了一株附近居民都沒見過的不知名樹木，結實纍纍，吃起來的感覺與央廣主持人口中描述的「龍眼」非常相像。後來，央廣到當地舉辦聽友會時，她特地把照片帶來聽友會求證。我和主持人一看，正是！這棵龍眼樹引來很多蜜蜂，當天小女孩特地送我一小罐自家生產的蜂蜜，我寶貝極了！二十年過去，小女孩現在已長大成人，會不會也是個廣播人呢？

多年來，央廣主持人認真地回覆聽眾林林總總的來信發問，真誠地與遙遠的陌生人互動。央廣每年也費盡心思，精心製作各式各樣具有台灣特殊意象的QSL卡（收聽證明卡），寄贈給提供收聽報告的短波迷收藏，聽眾和主持人長期在空中分享了彼此資訊，陪伴彼此成長，特殊的情誼就像是台語老歌〈懷念的播音員〉一般，數十年如一日地每天在空中相會。央廣在電子郵件還不盛行的年代，聽友來信多到要勞駕郵差先生用一大袋一大袋的麻布袋送到大直圓山下的電台辦公室。這些由陌生到熟悉的聽友，也成為支持台灣的國際友人。

除了連結著世界各地聽眾，在國內，央廣也因為多語節目的能量，成為移工和新住民的好朋友。早在政府推動南向政策之前，央廣的印尼語、泰語、越南語節目就成為台灣在東南亞的最佳代言人。近幾年東南亞新住民日增，加上台灣開放移工來台，央廣更成了在台新住民和移工最重要的資訊來源。當然，世界各國駐台使節也幾乎每人、每天都固定上網收聽央廣新聞，作為他們工作的重要參考。

雖然央廣受限於法規，至今沒有國內FM和AM的播音頻道，但是透過官網、社群媒體和手機App，央廣主動扮演台灣和移工與新住民之間重要的溝通角色。今（二〇二四）年九月開始，透過警廣FM一〇四．九頻率，央廣也推出以新住民為主要聽眾的廣播節目，讓台灣天空的聲音更為多元。這是台灣繼二〇一七年講客電台和 Alian 原住民電台成立之後，為資訊相對弱勢的族群進一步取得媒體近用權的一大進步。

一九九九年台灣發生九二一大地震時，在台泰國移工聽著央廣的泰語廣播得到安全指引，也安撫了他們受驚嚇的心靈。二〇一一年三一一日本福島地震時，遠在日本宮城縣大崎市的聽友，守著收音機，透過央廣的日語節目獲得外界的訊息，並透過少數未斷線的網路通訊，發信向央廣提出救援需求。二〇二四年四月花蓮大地震，以及十月份的兩次秋颱，全球聽眾馬上湧上央廣社群媒體分享資訊，有的人報平安，有的人詢問台灣各地災情。不少國際媒體同業也紛紛聯繫央廣，探知第一手新聞。

俄烏戰爭在二〇二二年初震驚全世界之際，英國廣播公司（BBC）重啟了已經停播的短波服務，國際氛圍彷彿又回到民主自由陣線與鐵幕獨裁對壘的冷戰時期。此刻，作為關鍵基礎設施的國家廣播電台，央廣除了馬上提升維安與資安機制，也回應了烏克蘭聽眾來信要求，增加了烏克蘭語服務。

相對於我們的國際同業如美國之音（ＶＯＡ）、日本放送協會（ＮＨＫ）、德國之聲（ＤＷ）、法國國際廣播電台（ＲＦＩ）等夥伴，央廣（Rti）和國際短波迷以及全球聽眾之間的密切互動，非常罕見，在我看來，這是全球國際廣播僅見的一景，非常獨特，應該寫入世界廣播史的篇章。即使是在疫情期間，央廣和全球聽眾之間透過網路視訊，聽友會活動也不曾間斷。疫情過後，央廣恢復和全球聽友相見歡，聽眾們往往會攜家帶眷，甚至三代同堂地出席盛會，人與人之間的友情延續至下一代。

相較於全世界各地熱情的聽眾，央廣這個已經有九十六年歷史的老品牌，對許多台灣人而言，反而又近又遠，甚至有點陌生。雖然這座電台早已不是心戰廣播的宣傳機器，更不是發送敵後同志密碼的情報機構，但受限於法規限制，央廣沒有國內頻道，維持了某種神祕感和距離感，和全世界公共媒體的形象大相逕庭。

也因此，我心中一直掛念著一件事：近百年來，央廣從「自由中國之聲」到「臺灣之音」、從ＶＯＦＣ (Voice of Free China) 到 Rti (Radio Taiwan

International）、從神祕機構到公共媒體，許多隱身在錄音間裡訴說台灣發展的廣播主持人值得被記錄；在台灣和非洲友邦揮汗建設播音設備的工程師值得被記錄；在全世界收聽台灣故事的遙遠聽眾值得被記錄。同時，面對台灣當代挑戰之際，作為國家廣播電台的央廣如何在有限資源下，堅守公共媒體價值又拓展國際合作，提升節目品質並強化與年輕受眾互動，更是迫切的課題。

二〇一四年廣場革命後，俄羅斯對烏克蘭展開各式混合戰攻擊，假訊息滿天飛，不只擾亂人心更引來戰爭。以此為殷鑑，我們看到了央廣作為國家廣播電台的使命，董事會無異議通過央廣成立新部門：「央廣學院」（Rti Academy），致力於對抗假訊息攻擊，並推動媒體識讀和國際連結。藉由央廣學院，我們得以和國內外各大專院校、智庫、國際組織更緊密連結。很榮幸透過和臺灣大學合作，央廣學院不少課程得以在 Coursera 線上學習平台上架，和全世界分享台灣經驗。央廣學院的成立，讓這個老牌媒體成為當代捍衛新聞自由和民主價值的堡壘。

可以說，今年初剛成立的「央廣學院」，和今年底出版的這本《短波時代：

從冷戰到民主，從情報播送到和平之聲，讓世界聽見臺灣之音》，是央廣慶祝九十六週年，獻給台灣和世界的禮物。

本書得以付梓，得力於央廣團隊從總臺長張瑞昌、副總臺長沈聰榮、李冠毅、李明俐和各部門在職與退休同仁的努力，欣見大家發揮團隊精神，讓央廣品牌發光發亮；非常感謝林欣誼和周馥儀兩位作者勇於接受短時間截稿壓力的挑戰，共同成就難得的廣播史篇。當然，鏡文學團隊從總經理董成瑜、執行總編輯張惠菁等夥伴，從一開始就參與討論、規劃，提供我們全面的專業協助，使得本書得以問世，更是深深感激。期待我們的努力，讓央廣 Rti 這個歷史悠久的國際廣播電台，見證台灣民主發展的公共媒體，不只被全世界聽見，也贏得您的信任與珍惜。

序章

來自島嶼的巨大聲響

你可能有過這樣的經驗。夜深人靜的時刻，打開收音機，拉長天線，旋轉調鈕，調整頻率，接著，在一陣沙沙沙的雜音中，有些聲音浮現，且逐漸清晰起來。可能是話語，可能是一首樂曲，或一段新聞。沒有畫面和光影，只有細細的絮語，穿透時空來到你耳邊。世界彷彿只剩你和那個發出聲音的人，他的聲音陪伴著你。

這就是廣播獨特的魅力。

那些透過短波廣播傳來的聲音，可能是最新流行的歌曲，也可能是有人打電話到電台傾訴自己的故事。雖然一般而言，訊號最強的會是附近的電台，但倘若有不錯的設備、在天候適合的狀況下，透過短波收音機，也可能攔截到遠方的電波。例如，這本書中的一位呂先生，就曾經在耶誕夜，聽到德國之聲向航行在汪洋上的船隻祝賀耶誕快樂的廣播內容。

大概沒有一個媒介，比地球上空的電波更能令人們感覺到，我們生活在同一個天空下了。在莫斯科，有人在收音機中聽到了鄧麗君的歌曲；在墨西哥，有個小女孩聽著身在台灣的主持人用西班牙語描述著台灣的風景、水果；在大洋洲的某個島嶼，有人一日不輟地收聽著客語節目。

在戰場上，在難民營，都有人聽著廣播。

戰爭、地震、海嘯、停電、政治騷動或社會動盪，那些消息斷絕的時刻，廣播發揮著傳遞正確訊息、陪伴與撫慰人心的作用。九二一大地震時，人在台灣的泰國移工不知該怎麼辦，是廣播提供了他們指引；在烏克蘭的戰場上，保衛家鄉的士兵們聆聽著歐洲電台播送的反戰歌曲。

在台灣，有一座歷史悠久的國際廣播電台，此刻位在圓山山腳下。這個電台歷經了二十世紀的戰爭、冷戰，走入二十一世紀。它的故事，反映了台灣這座島嶼的歷史——我們在這世界上的位置，我們曾經與正在發出的聲音，我們向誰訴說，對話中付出了關懷，建立也贏得了友誼。

這本書，是一座島嶼在這巨大世界中發出聲音的故事。

中央廣播電臺臺本部大樓。

從心戰任務到世界交流的百年足跡

今天的中央廣播電臺（簡稱央廣），是由台灣向世界廣播的國家公共電台。不過，就如同台灣從戒嚴來到民主，這個國家電台轉變為今天的定位之前，也有過一段漫漫長路。

一九二八年，「中國國民黨中央執行委員會廣播無線電臺」在南京成立，簡稱為中央廣播電臺，八月一日正式開播；同一年，台灣總督府也在台成立台北放送局，並於一九三一年成立台灣放送協會。在中日戰爭期間，兩者同樣都對國際播音，各自肩負戰爭宣傳與政治角力的任務。

一九四五年中日戰爭結束，勝負也改變了電台的命運。國民黨中央廣播事業管理處（更名於一九三六年）派遣林忠[1]到台灣，負責接收台灣放送協

*1. 林忠最初從事台語翻譯工作，負責受降典禮翻譯及轉播業務，之後擔任台灣區廣播電台接收專員，負責接收台灣放送協會及轄下的台北、台南、台中、嘉義、花蓮放送局，其中台北放送局更名爲臺灣廣播電臺（簡稱臺灣臺），並擔任臺長。

會與全台各地的電台設施。一九四九年國民政府遷台後，中央廣播事業管理處則改組為中國廣播公司（簡稱中廣），以「自由中國之聲」（Voice of Free China）對外播音。

一九五四年，中廣內的大陸廣播組擴大成立為「大陸廣播部」，主要負責對中國心戰廣播。一九七二年，中廣大陸廣播部「正名」為「中央廣播電臺」，一九七四年脫離中廣，直屬於國民黨中央委員會，一九八〇年又改隸國防部。

一九六五年，中廣的海外組擴大成立為「海外廣播部」，受新聞局委託辦理海外廣播，以「自由中國之聲」為台呼，製播十三種語言（華、台、粵、客、潮州、西藏、英、日、越、馬來、韓、阿拉伯、法）對國際播音，至一九七八年擴增為十四種。一九七九年中廣海外部另成立「亞洲之聲」，製播娛樂等軟性節目，主要對中國與東南亞播音。

一九八七年解嚴後，隨著時代氣氛轉變、世界冷戰體制結束，央廣的心戰廣播節目比例大幅降低，新聞局每年編列預算向中廣收購海內外廣播節目，也遭立委質疑黨政不分，民間漸有設置「國家廣播電台」的呼聲。

歷經行政與立法單位多年的研議，立法院於一九九六年三讀通過《中央廣播電臺設置條例》，以「財團法人」的型態經營國家電台。一九九八年一月一日，隸屬國防部的中央廣播電臺與中廣海外廣播部合併，改制為「財團法人中央廣播電臺」，英文定名為Central Broadcasting System（CBS），以「台北國際之聲」為新台呼，同時保留了中廣海外廣播部的「亞洲之聲」；二〇〇二年取消亞洲之聲，相關節目則加入台北國際之聲。

二〇〇三年，華語台呼改為「來自台灣的聲音」，外語台呼改為Radio Taiwan International（Rti），Rti從此成為國際認識央廣的正式名稱。二

○○五年台呼再改為「臺灣之音」，今以二十種語言向全球傳播，聽友遍布一百四十三個國家。走過戰爭與威權，央廣在民主化後的台灣，轉型為公共媒體的角色，同時也發揮民間外交的功能，把台灣的聲音傳遞到世界。

短波的曾經與現在

短波廣播的英文簡稱為ＳＷ，為shortwave簡寫。「短波」指的是無線電波的波長，短波廣播的波長約十到一百公尺，對應的頻率為高頻，電波由發射機從地表向上發射，經大氣層中帶電子的電離層傳導，透過在地球表面和大氣層中反射，可進行遠距離的傳輸，是國際廣播最早使用的傳送媒介。

在台灣，我們平時常見的收音機，通常只有調頻（FM）和調幅（AM）兩類。其實還有一種收音機包含短波（SW）的功能，專門用來收聽遠距離傳輸的短波廣播。

台灣過去在戒嚴時代，短波收音機是受到政府管制的。即使現在已經解嚴，收聽來自境外的國際廣播也仍不普及。雖然台灣本地就有生產優質短波收音機的山進公司，卻要到亞馬遜等國際購物網站搜尋收音機種，才比較容易買到FM／AM／SW三合一的收音機。相比之下，在其他國家，有不少人習慣收聽國際短波廣播節目，這群「短波迷」的共同點，是熱愛世界，充滿自由想像，普遍精通多語能力，他們遍布全世界，當然也包括台灣，住在高雄的呂澄男先生就是其中一位。在這本書稍後的章節，將會介紹央廣與各國聽眾的連結。

目前全世界以強大電力發射、播出多國語言的國際短波廣播電台，多為國家所經營，規模較大的如英國廣播公司、美國之音、中國國際廣播電台（CRI）等。肉眼不可見的無線電波密布空中，若電波彼此在空中相遇，就會像交通工具擦撞般，在接收該頻道的收音機上發出雜音，此即常見的「干擾」。

短波廣播的技術原理雖然原始簡單，卻也因這樣的特性，比衛星訊號更難被阻斷。相較於網路上傳輸的訊息，容易被斷網封鎖、追查源頭，在極權國家中翻牆上網或收發禁止內容的人可能會被官方關切，甚至逮捕。短波通訊則不同，它雖然有可能被干擾，卻難以被完全阻斷，且不易定位收聽者，因此也更難被極權政府控制。

多年以來，央廣保留著短波廣播的技術以及製播多語節目的能力，持續對國際發聲。當然，央廣也早已與時俱進，利用網路廣播、官網、社群媒體和手機 App 來增加更多元的聽眾，但是短波廣播，這個在二十世紀初期大放異彩的媒介，它的魅力與傳播力量並沒有消失，也難以被取代，還在當今我們所生存的二十一世紀中發揮著作用。

淡水分臺天線。

第一章

跨越世紀縫隙的臺灣之音

讓我們首先從解嚴前後的台灣，開始講述這座電台的故事。在那之前，從二戰到冷戰，中央廣播電臺曾經是國家工具，擔負著心理作戰、政治宣傳，甚至還有傳遞訊息給敵後情報人員的任務。它的性質和我們今天理解的廣播電台不同，蒙著一層神祕的、軍方的色彩，和情報局與美國的西方公司[2]都有密切的關係。這段神祕的歷史，我們將在後面篇章敘述。

來到二十世紀的尾聲，一九八〇年代後期，持續了四十多年的冷戰對峙局面被打破。柏林圍牆在一九八九年倒塌，蘇聯也在一九九一年解體。在許多國家，

*2. 西方公司是美國派駐台灣的機構，表面上是民間公司，實際隸屬於美國中央情報局。

舊有的極權體制面臨了挑戰，嶄新的秩序似乎就要新生。台灣也在一九八七年解嚴，逐漸蛻變成一個新生的民主國家。

時代變化著，新秩序誕生的過程中，有危機，有陣痛。台灣的民主化過程亦是如此。而廣播作為這個時代的一部分，在其中扮演了重要的角色，央廣也是一樣。在新舊時代交接的暈眩中，這座位在北台灣圓山腳下的電台，和全世界的人們、和交織在地球上空的廣播電波一起，參與了一些劃時代的事件。

接下來，就從這座走出冷戰的電台與新生的民主台灣之間的故事，開始說起吧！

☆ 央廣與李登輝「兩國論」

在二十世紀的歷史中，廣播與國家的關係非常密切。廣播誕生不久，國家便拿起了這個工具。就像二〇一〇年的電影《王者之聲：宣戰時刻》所描繪的，在二十世紀初期，身為大英帝國國王的職責之一，就是透過廣播向帝國臣民傳遞君主的意志。於是口吃的喬治六世，深深苦惱於自己的口才魅力比不上父親、兄長。在電影中，國難當前的時刻，他克服了心中的陰影和恐懼，發表了向德國宣戰的演說，激勵了他的人民。

同樣的情況，發生在地球上許多地方。在電視尚未普及、網路還未誕生的時代，廣播成了現代國家的傳播利器，因此也和二十世紀幾場戰爭的激勵與動員，結下密不可分的關係。蔣介石委員長發布對日抗戰勝利的麥克風、蔣經國總統生前的最後一次錄音，都依然保留在央廣。建於日治時代的「民雄放送所」（現為國家廣播文物館），是日本帝國為了南進政策需要、向東南亞廣播而建設的電台。冷戰時期，台灣作為反共堡壘，除了對中國人民心戰廣播，還要向世界發出「自由中國之聲」。

然而，屬於廣播的時光並未停止在戰爭和冷戰的時代。當世界迎來冷戰的終結，鐵幕倒下，國際廣播人也同樣正迎向更開闊的天空。一九九二年，國際廣播協會（AIB）成立，這是一個由各國的電視和廣播公司所組成的國際非政府組織，宗旨為維護媒體自由，總部設在倫敦。央廣在一九九九年加入了這個協會，代表中華民國台灣，與世界各國擁護媒體自由的同業同儕互相交流。

在此不久之前，一九九六年，台灣剛舉行了第一次全民直選的總統大選，李登輝當選總統，台灣成為了新生的民主國家。走出戒嚴，台灣各方面在轉型，央廣也從承載國家政治任務的電台，轉變為民主時代的公共媒體。

一九九九年七月，央廣與德國之聲簽署合作協定。

德國之聲是一座擁有悠久歷史的廣播電台，其前身成立於一九二四年，歷經戰爭，在戰後從一九五三年開始製播德語短波節目，如今已發展成一個提供近三十種語言節目的國際公共廣播機構，經營的業務涵蓋廣播、電視和網路媒體。

央廣德語節目召集人邱璧輝解釋，央廣與德國之聲之間的合作協定，在當時台灣屢受打壓的外交現實下，實屬難得，「除了多方努力，也因德國之聲的總裁魏里希（Dieter Weirich）對台灣熟悉友好，促成這次合作。」

為了與央廣簽署合作協定，魏里希總裁帶著亞洲部主任克納伯（Günter Knabe）、記者西蒙嫚索（Simone de Manso Cabral），親自來到台灣訪問。他們也趁著這次訪台，向總統府提出採訪申請，並且順利獲得應允。邱璧輝回憶，七月九日早上，央廣與德國之聲進行了合作協定的簽署儀式。當天下午，德國之聲一行人便轉往總統府進行專訪。

根據當天稍晚總統府發布的新聞稿，李登輝總統在被問及如何因應兩岸情勢時表示，我國「在一九九一年的修憲後，兩岸關係定位在特殊的國與國關係」，並強調解決兩岸問題並非從統一或獨立觀點，而是「民主制度」上的統合。

在當時，這是個非常敏感的議題。任何有新聞嗅覺的人，都知道李總統這番談話，必定成為國際媒體頭條，不僅將震撼全球，甚至會寫入歷史——這段談話，就是後來李登輝總統為人所熟悉的「兩國論」。

德國之聲當然也敏銳察覺到這則新聞的重要性，原本是來台簽署合作協議，沒想到取得了全球大獨家，央廣也意外地參與了這個歷史性時刻。當天，德國之聲亞洲部主任克納伯便取消所有行程，趕回德國處理後續報導。七月二十五日晚間，德國之聲的英語衛星頻道向全球播放了這段訪談。隨後，同個專訪又以其他語言向全球播送，並在德國《週日世界報》（*Welt am Sonntag*）上刊登全文。

德國之聲魏里希總裁與央廣德語主持人邱璧輝合照。

☆

一個新名字：「臺灣之音」

這是民主化後的台灣向世界發聲的一個例子。台灣向世界發出的聲音，每當涉及國家定位時，總是觸動國際上許多敏感的神經，在一九九〇年代的當時，比起現在更是如此。畢竟一九九五、九六年間才剛發生過台海危機，當時因為李登輝總統在一九九五年六月訪問美國，於母校康乃爾大學發表演說，引發中共不滿，因此對台發動飛彈試射與軍事演習，一直進行到次年總統大選前。

正因台灣外交處境不易，官方管道經常受打壓，因此像央廣這樣的單位，透過非政府管道與世界媒體建立的關係，對台灣的對外發聲更彌足珍貴，央廣也因此往往出現在歷史舞台的幕後。雖然邱璧輝並不在德國之聲專訪李登輝總統的現場，但她當天早上才親身參與了德國之聲在央廣的簽約儀式，與歷史大事擦身而過的臨場感，令她永難忘懷。

邱璧輝留學德國，返台後在一九八九年進入中廣海外廣播部（今央廣外語節目部的前身），遇上的第一樁國際重大新聞就是六四天安門事件。幾個月後，柏林圍牆倒塌，接著波斯灣戰爭爆發、蘇聯解體、台海飛彈危機……短短幾年內，她在這個崗位上經歷了世紀交替之時，世界的變化與動盪。

二〇〇〇年總統大選，台灣實現了第一次政黨輪替。這時中廣的海外廣播部已經合併進央廣，邱璧輝也成了央廣的德語節目主持人。而加入了ＡＩＢ的央廣，與各國媒體間維持著密切交流，因此成為許多國際媒體報導台灣時首先聯繫的對象，這場備受世界矚目的台灣大選也是如此。當時德國媒體朋友來台採訪，邱璧輝帶著他們去到陳水扁的選前之夜現場，體驗台灣特有的選舉氣氛，「場內人山人海，激情得不得了！」她表示德國人雖然關心政治，但德國的選舉氣氛一般而言非常「冷」，台式的民主激情讓德國朋友們看得驚奇不已。

二〇〇一年十一月，總統陳水扁第一次到央廣接受專訪，由當時的新聞部副理淩爾祥訪問。在冷戰時期曾經是反共、心戰單位的央廣，顯然已經和台灣的民主化一起轉變，有了新的時代意義和角色。

二〇〇三年，央廣的台呼改為「來自台灣的聲音」，外語台呼為 Radio Taiwan International（Rti）；二〇〇五年又改為「臺灣之音」，以「台灣」之名對外發聲。

前總統陳水扁於二〇〇一年至央廣接受專訪，為首位蒞台受訪總統。

☆「臺灣之音」向國際發出什麼聲音？

其實自一九八〇年代起，央廣就已經漸漸走出最早的心戰任務定位，有了更多元語言、更多非政治宣傳性的內容，如一九七九年新設的「亞洲之聲」便以軟性娛樂節目為主。最初曾經是為了心理作戰而向中國廣播；為了向海外宣傳而擴增許多外語節目；為了「宣慰僑胞」而開立粵、台、客語節目，且因為島嶼的地緣位置，成為冷戰時代西方陣營廣播的一個重要據點。但隨著台灣民主化，政治控制逐漸放鬆，社會氣氛趨向自由，戰爭的色彩也漸漸淡去，主持人的個人特色和編選內容更加突顯，發展出更活潑、更多元，與政治宣傳無關的內容。但是央廣的多語優勢仍然被保存著，是在台灣使用最多種語言、長期向世界各地廣播的唯一機構。一九九一年，台灣終止「動員戡亂時期」，央廣的心戰任務正式終結，此後持續轉型成民主時代的公共媒體，向國際發聲。

這座島嶼上的電台，因為這特殊的歷史沿革與機緣，從戰爭走向和平與自由。

目前央廣共提供二十種語言的服務，包括華、台、客、粵，以及英、日、韓、法、德、俄、西、印尼、泰、越、菲、馬來、緬、柬、阿拉伯、烏克蘭語，向全球傳播。

央廣以各種語言的節目向外發聲，讓台灣突破國際現實上的外交困境，主持人與天涯海角聽眾間的連結，則是這座電台獨特動人故事的一部分。其動人是因為即便在現實困難的環境中，它仍然牽起了人與人之間的情感。後文將會講述這些故事。

不過，我們始終要記得，看不見的電波既然有這樣的力量，也就有害怕它力量的人。

一九八九年，中國學生聚集在天安門廣場上，提出民主改革的訴求，當時他們唯一接收外界訊息的管道就是短波收音機，廣場上的學生會收聽央廣對天安門事件的即時報導，並把節目透過擴音器在廣場上播出。那是他們掌握國際上如何看待、聲援天安門事件的方式。

在一些敏感時機，如六四的鎮壓，以及二〇〇一年央廣專訪新任總統陳水扁，都引起中共官方注意，央廣對中國的廣播聲波因此受到更大干擾，不過央廣仍透過不斷變換頻率，持續「突圍」。

法語節目召集人王心瑛在二〇〇〇年年底進入央廣後，便深刻體會到當時台灣對外發聲的敏感與困難。在世紀之交的新世界，台灣因為自身的民主化歷程，需要對外發出聲音定義自己，說出自己的主體性。除了前面所說李登輝的「兩國論」，後來陳水扁在二〇〇二年世界台灣同鄉會年會視訊演說中提出的「一邊一國」，所有外語主持人們都認知到議題的敏感性，所以在翻譯上格外謹慎以對。

這些如今看來似乎事過境遷，畢竟後來台灣還有更多挑戰，也已經在為自己發聲的路上走得更遠，不過這當中每一步都是謹慎為之。王心瑛還深刻地記得，當年她對於如何在新聞中翻譯「一邊一國」才最恰當，能守住一位外語記者與主持人的中立位置、不會引發過度的政治風暴，而反覆斟酌。最後她決定先選用最保守的字眼，等官方定調的英譯公布後再改正。

這樣力持審慎、中立的背後思考，或許在今天的媒體消費環境中，已經很少看見了，但那卻是央廣人因深知台灣在國際上的困難處境，一定會謹慎守住的界線。前面提到的德語主持人邱璧輝，在面對「兩國論」翻譯時也有相同的態度。

馬英九、蔡英文兩位總統，任內也都在央廣有重要的發言或訪問。王心瑛回憶自己曾經做過的歷任總統發言報導中，陳水扁較常脫稿、馬英九愛用成語，帶給她翻譯新聞時極大的挑戰。而許多政治人物講話拐彎抹角，是另一種難題。這些都是在央廣為台灣向世界發聲時，不為人知的有趣經驗，也是因為台灣獨特的歷史與主權定位而來的考驗。

在一個民主國家，值得對外傳播的，不會只有領導人的話；改變國家的，也不會只有從上而下的決策。王心瑛說，她最難忘的新聞現場之一，是二〇一四年三月的太陽花學運。

在學生衝進立院議場的隔天，王心瑛和法語節目同事華澤旻（François-Xavier Boulay）察覺到，衝擊台灣未來走向的重大事件正在發生。他們來到立法院外，因為沒有國會記者的通行證，一開始不得其門而入，後來好不容易發現一個學生出入的地方，便跟著「翻」進去。

王心瑛回憶：「學生們很清楚自己正在做一件重要的事，但也有點慌亂、緊張。那樣的氣氛，我後來再也沒有經歷過。」華澤晏說：「我們花很多時間跟學生聊天，取得信任，完成精彩的採訪。」他們是最早搶進去的外語媒體之一，第一時間把太陽花學運的新聞播送到國外。二〇二四年，太陽花學運屆滿十周年，法語節目特別製作專題，採訪了多位當年曾參與學運的政治工作者，回顧台灣十年來的政治歷程。

法語主持人王心瑛專訪太陽花學運學生。

☆疫情與危機期間的對外發聲

時序迎來二〇二〇年代，世界似乎再一次面臨了巨變。

首先是二〇二〇年初，新冠肺炎（Covid-19）疫情蔓延全球。這場世紀大疫，使人們發現習以為常的日常生活秩序，其實十分脆弱。加上二〇一八年以來美中貿易戰，全球供應鏈重新盤整。接著又是戰爭爆發：二〇二二年，俄羅斯全面入侵烏克蘭；二〇二三年，哈瑪斯與以色列開戰。世界已經不再平靜。

台灣因為地緣政治、晶片產業與防疫措施，受到全世界前所未有的矚目。王心瑛作為法語節目主持人，目睹了這段期間法國對台灣的關注倍增。

當衛福部疫情指揮中心每天召開記者會發布相關訊息時，央廣各外語網站也製作「疫情專頁」，每天更新各種語言版本的國內疫情新聞與防疫政策。王心瑛表示，央廣法語網站在疫情期間的點閱數成長了兩、三倍，成為海外法語媒體的重要新聞引用來源，也有不少國際聽眾透過這個網頁而認識台灣。

二〇二二年八月美國眾議院議長裴洛西（Nancy Pelosi）訪台，引發一九九六年以後最大的台海危機。中共發動軍機擾台，飛彈甚至橫越島嶼上空。王心瑛回想當時：「全世界都以為我們要打仗了！」外語節目部收到大量海外聽友來信。除了台灣的官方立場，法國聽友更想知道的是一般民眾的看法，所以王心瑛與法語節目團隊特地上街訪問民眾，傳達不同立場的聲音。

回想自己加入央廣至今二十多年來的國際情勢，王心瑛說：「台灣的處境太困難了。過去如果不是天災人禍，國際上幾乎沒人在意我們，現在雖受到全球矚目，但其實更突顯出我們是如何處在中國威脅、外交孤立的框架下。」她說，持續在央廣從事國際新聞工作的同事，

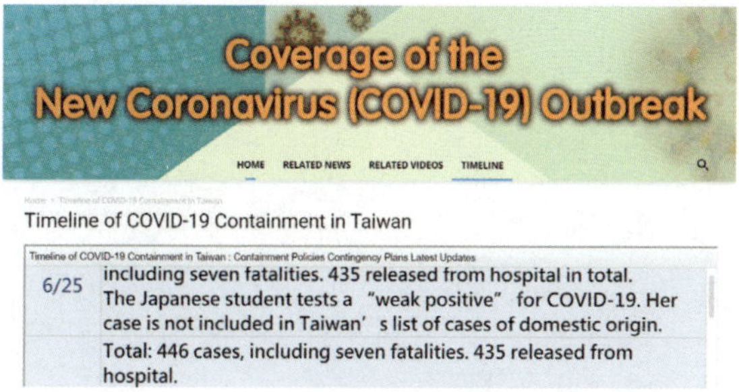

央廣在新冠疫情爆發後，即成立多語疫情專頁，讓聽友、網友掌握相關資訊。

「都對台灣有很大的愛，想盡一分心力。」

二〇二四年一月，台灣再次迎來總統大選。二十四年前曾經帶著德國媒體去參觀選前之夜的邱璧輝，注意到國際對台灣的關注已經有很大轉變，這次現場見到的不只有外媒，還有國內外的網紅。

隨著傳播訊息的媒介改變，央廣各語主持人現在不僅使用聲音，也善用影音媒介、或拿起手機在街頭進行直播。

除了極權和戰爭的威脅，當下世界還面臨著假訊息與資訊戰。這些都是公共電台必須面對的挑戰。

就這樣，眼前是嶄新的希望，也是嶄新的挑戰，央廣從二十世紀跨越進入了二十一世紀。它傳達了從戰爭與戒嚴時期國家領導人的聲音，到民主時代民選總統的聲音，再到社會上更多元、但同樣舉足輕重、代表著台灣的聲音。這座山腳下的電台，就像是台灣的縮影，此刻也還在與世界各地的人們，在空中交會。

以下我們就要說說，這些人與人透過空中電波與台灣相連的故事。

在國際廣播協會結交民主盟友

二〇一七年的某一天早晨，長廊響起連串急促腳步聲，一場緊急會議在央廣召開。央廣董事長路平分別跟文化部、外交部、陸委會及政府高層通話。原因是這天下午，國際廣播協會執行委員會的議程中，列有排除央廣、接納中國中央電視台（央視）入會的提案。央廣在前一天傍晚才收到會議通知，得知中國遞交提案，以「國際廣播協會如何增加會員數量進而強化全球影響力」為題，試圖影響執委會，讓央廣退出AIB，換取中國央視加入。提案內容還強調「台灣剛與巴拿馬斷交」，顯然用意在將台灣邊緣化。

AIB的會員包括全球知名媒體如英國廣播公司、日本放送協會、德國之聲、美國之音等。央廣從一九九九年加入AIB，二〇一六年一月央廣的副總臺長孫文魁當選執行委員（簡稱執委）。此時中國強力介入，想將台灣逐出AIB。

我們國家已經有過非常多的經驗，國際組織因為中國加入和主張排除台灣，台灣便被從組織中除名。雖然央廣與國際廣播協會的淵源很深，但這次能有不一樣的結果嗎？是不是又將重回過往的處境？

這場早晨的緊急會議中，央廣決定了主張的方向：應從媒體追求自由、平等與真理的根本精神出發，而不必落入主權、名稱及國家定位的爭論，畢竟AIB是非政府組織，會員資格並不是以國家為單位，不應以政治為由開除央廣，更不應為了新會員加入，而侵害或剝奪原有會員的權益。

當天下午央廣與國際廣播協會執委會視訊會議時，邵立中總臺長在場，由具有執委身分的孫文魁副總臺長提出三點聲明：第一，央廣不反對中國央視的加入，但追求公平正義是媒體的基本精神，國際廣播協會不應為了迎合一個新會員而排除另一個忠誠的老會員；第二，國際廣播協會既然強調自己是非政府組織，會員資格並不以國家為單位，就不應該因政治主權爭議而排除央廣；第三，如果國際廣播協會真的排除央廣，央廣將訴諸國際輿論，控訴這項不義決定。

這份聲明獲得英、法、德等國執委的正面回應，表態支持央廣會籍，最終中國的央視則沒有加入國際廣播協會。雖然央廣當時驚險保住國際廣播協會會籍與孫文魁副總臺長的執委資格，然而，到了二〇一八年，央廣並未獲得續任執委的機會，直到二〇二〇年、二〇二二年、二〇二四年央廣才再由外語節目部經理黃佳山三度擔任執委。二〇二四年同時當選執委的媒體，包含英國廣播公司、美國之音、新加坡新傳媒（Mediacorp）、澳洲廣播公司

（ABC）、法國世界媒體集團（France Médias Monde）及土耳其廣播電視公司（TRT）等國際重要傳媒。

國際廣播協會成立於一九九三年，當時還是冷戰剛剛結束的世界。從那時到現在，世界還在不斷產生新的危機，而媒體也有全新的考驗：戰爭、假新聞、資訊戰等等。國際廣播協會屬於非政府組織，協會執委在國際傳播界扮演重要的領袖角色，固定舉辦季會，每季召集執委們集思廣益，制定國際通用的傳播規範，共同維護言論自由，創造媒體自主的環境。近年因應全球科技變革帶來假新聞、AI等重大議題討論對策，國際廣播協會都會提出具體方案給聯合國，與協會所在地英國的政府單位。香港反送中時期，國際廣播協會執委會即討論如何透過聯合國施壓中國，以及如何串聯國際媒體力量傳播真相。

二〇二二年二月，俄羅斯對烏克蘭發動全面軍事入侵，俄羅斯的國家電視台今日俄羅斯（Russia Today）發送大量假新聞，成為假訊息產地。三月，英國首相強森開了第一槍，決定收回今日俄羅斯的落地播出[3]權。國際廣播協會的執委會經過詳細討論，也認定今日俄羅斯是發布假訊息的媒體，包含央廣在內的六位執委，通過決議將今日俄羅斯逐出國際廣播協會。

由於當前的國際局勢，媒體成了認知作戰的前線，民主國家之間的互助變得格外重要。國際廣播協會結合國際民間團體與大型媒體，央廣參與其中，能夠為台灣連結許多重要國際友人，增進我們在國際舞台的能見度，也運用我們對華語世界消息的掌握，為防止國際假新聞盡一分心力。

二〇一五年國際廣播協會設立了「國際傳媒優異獎」，成為重要的國際媒體獎項之一。二〇一八年國際廣播協會的年會第一次在台灣舉辦，也將其

*3. 落地播出：國際電台或跨國電視台將其製作之節目，以簽約或合作方式於他國當地電台或電視台播出。

中一個獎項移到台灣頒獎。央廣的外語節目部經理黃佳山多年受邀擔任「國際傳媒優異獎」評審，他提到：「參加這個獎項能提高國際能見度，台灣有許多優良的廣播電視節目，目前只有央廣積極報名參加這個獎，相當可惜，希望各媒體也可以更積極參與。」

廣播也是我們的外交

長年來，外交部招待來台友邦，

央廣九十周年臺慶時與 AIB 共同辦理國際論壇，AIB 執行長 Simon Spanswick 上台致詞。

都會把央廣納入參訪行程，央廣外語主持人因而經常接待、採訪來訪的友邦官員。

也因此，當台灣在國際上面臨外交困境，央廣主持人往往也第一時間感受到。法語主持人華澤晏回憶，二〇一六年的十月國慶，非洲友邦布吉納法索由外交部長巴力（Alpha Barry）率團訪台，在台期間巴力親自到他的法語節目上受訪。

因為巴力自己也曾當過廣播主持人，兩人相談甚歡，「後來我問了他一題，為何在上個月的聯合國大會上，沒有和其他邦交國一起幫台灣發言，他回答我，因為歷年的發言都沒有造成改變，所以想換個方式。」華澤晏坦言：「我可以感覺到，這不是真正的答案，他也曉得我知道了，但當下，我只能接受他的說法。」二〇一八年，布吉納法索外交部便透過一紙聲明宣告與我國斷交。

在斷交前，台灣與布吉納法索的雙邊合作計畫包括職訓、農業、醫療與太陽能光電等領域。宣布斷交時，還有一批軍援物資正在運往布國的海上。此外，布吉納法索國家廣播電台（RTB）的建置修復工程，也是央廣人員親自前往修建，兩台關係深厚。

二〇〇六年央廣執行外交部的援外專案，除了捐贈一〇〇千瓦中波發射機與相關器材予布吉納法索，也親派工程人員飛

為協助布吉納法索國家廣播電台修復及擴充其播音設備，央廣進行發射機維修器材裝櫃並捐贈衣物給布國人民。

往當地進行電台裝機作業，並提供員工教育訓練；之後央廣又兩度派遣工程小組前往布國，修復故障的發射機，當時還號召員工捐贈衣物，連同工程材料一起海運到物資缺乏的布國。

法語前召集人李季芬曾隨工程小組前往布國，協助翻譯，王心瑛轉述她的分享：當飛機在首都瓦加杜古（Ouagadougou）機場降落時，「整座城市都在黑暗中，只有一條路是亮的，當地人告訴她，那就是台灣人蓋的馬路，感謝台灣讓他們有了這條路，晚上亮著燈可以做生意，改善生活。」

二〇一八年兩國斷交之際，當時的央廣副總臺長李重志在臉書憶及，布吉納法索因氣候炙熱乾燥，機器常因沙塵暴而故障。在央廣協助裝機後隔年，央廣民雄分臺長黃吉祥、口湖分臺長張福斌、工程師吳炳輝便再度親赴維修。他們打足該打的疫苗、帶著治療瘧疾的藥物奎寧，出發前往布國。抵達時正值當地國慶放長假，國家電台裡只剩台長和少數人員留守。後來他們待了近三個月，全力研究、解決難題，甚至再從台灣空運所缺物料，讓布國的台長感動不已。

李重志有感而發表示，台灣政府跨越藍綠執政黨，進行許多海外援助，「央廣協助國家近二十個，透過廣播媒介，讓這些國家的人民資訊流通，提高公民權，鞏固自由社會。」即使斷交，也不損這些「廣播外交」的意義。

斷交斷絕了國與國的官方關係，卻切不斷央廣與聽友的情感聯繫。台灣的邦交國包含許多拉丁美洲西語國家，西語節目召集人王慧媛細數，從巴拿馬、多明尼加、薩爾瓦多、尼加拉瓜到宏都拉斯，「每一國的斷交，我們都很心痛，因為我們認識的不只是這個國家，還有往來的朋友、同事，或曾來電台受訪的人。雖然報導時必須客觀，不帶個人情感，但私底下，我們真的很不捨。」

西語主持人洪時晴也表示，每次宣布斷交，當地聽友就會來信表達心疼、遺憾，說他們並不認同自己的政府，但也明白政治難以預料，幸好他們仍可以透過廣播收聽到央廣節目，「畢竟短波無國界，聽友都會熱情表示很愛台灣，其中有人曾來台讀書、工作，他們很懷念在這裡的點點滴滴，也在他們國家繼續宣揚台灣的好。」

正因為台灣官方外交處境的困難，持續用各種語言向外發聲、維繫民間關係格外重要。這也是央廣用多種語言對國際廣播的意義。

第二章

他們來自天涯海角

央廣外語節目部（簡稱外語部）是一個非常奇妙的地方。這裡聚集著一群來自世界各國的主持人，他們的工作是主持外語節目，與地球上和他們說同一種語言的人們溝通。

從台灣發聲的他們，節目內容經常介紹台灣，但很多時候更是跨越地域，傳遞著溫暖與關懷。這正是廣播神奇的地方，透過電波傳來的聲音，能讓人感受到陪伴。

央廣主持人與聽眾之間的情誼非常深，電台會收到來自全球各地的聽眾來信。

一九九九年，央廣一整年收到了來自全世界高達二十一萬封的來信，從郵局用麻袋一袋一袋送到電台。到了二〇〇三年，網際網路初興起，那年電台收到的傳統郵件有十五萬封，電子郵件十二萬封，傳真、答錄機等來訊約一萬則，總來信數高達近二十九萬。近年，人們在日常生活中以實體信件交流的機會少了，但央廣在二〇二三年仍然在收聽報告之外收到了一千五百多封來自世界各地的來信，央廣官方臉書和主持人社群媒體上更有許多熱情的訊息。

這些外語主持人，究竟是誰？是誰在用流暢的印尼語、越南語、泰語、西班牙語、英語、法語、俄語、烏克蘭語……與全世界的聽眾溝通？他們為什麼會來到台灣，為什麼會定居下來，成為這塊土地的一分子？

☆ 來到台灣的理由

約莫三十多年前，與台灣相距遙遠的莫斯科，冬日綿長，屋子裡的小女孩瑪莎（Мария Ли）睜著好奇的眼，翻開了外婆書櫃裡那套厚厚的紅色精裝書。從此，如同劉姥姥進入大觀園，她一字一字、一章又一章地著迷於俄文版《紅樓夢》，不可自拔。長大後，她進入莫斯科大學中文系就讀，又在畢業之後來到了台灣。

時間相近的年代，在地球另一端，越戰結束後幾年，越南仍然動盪不安，二十歲的華僑青年王一煥手裡捏著好不容易拿到的機票，和家人一起離開變色的家鄉，飛往台灣。

時序再往後，地理位置更向南，一九九八年的印尼發生了排華暴動，譚雲福（Tony Thamsir）的爸媽在雅加達，眼見家對面的一排房子被放火燒光，緊急打電話給在台念書的他。弟弟搶過話筒喊：「我們這裡打仗了！」媽媽急促告知，沒辦法再資助他留學了，他得靠自己想辦法。於是，他開始半工半讀，進入中廣海外廣播部印尼語節目工作。

在這裡，大學生譚雲福認識了越南語節目的前輩、人稱「王導」的王一煥；幾年後，俄語節目來了個熱情的新同事——瑪莎。同時來到的，還有德語節目的唐依華（Eva Triendl），她個子嬌小，但她去過的台灣原住民部落卻比大部分台灣人都多；更晚來的法語節目同事華澤晏帶有牧師的溫文氣質，他早年隨教會赴花蓮傳教，在台成家後移居台北，循著徵人訊息來到央廣……。

央廣的外語節目部就像一個小小聯合國，匯聚了來自全世界、說著各種語言的主持人，他們在不同年代、因為種種不同的理由，落腳台灣，成為台灣的「新住民」。他們中文流利，深入島嶼的各個角落，用自己的母語向同語種的人們報導台灣消息、介紹這裡的社會生活和文化百態。國際廣播的短波穿越天際，就像他們對這塊土地的感情一樣，廣闊而無國界。

在央廣一樓大廳，有一幅占據整面牆的世界地圖，標註著央廣全球聽友會與合作的媒體組織，那些發亮的小光點，橫跨了三大洋、五大洲。

這幅地圖讓人不禁遙想起，自大航海時代以來，曾經有無數來自亞洲海外乃至歐洲各地的人們，乘船來到此地交會。四百年後，世界已大為不同，台灣既迎接全球化的浪潮，也要在當代地緣政治的波瀾下奮力求存與發聲，不變的是，這島嶼仍是許多來自世界各地的人們交會的地方。

☆在台灣更認識印尼：譚雲福

要勝任央廣外語部的工作，不只需要外語能力，也需精通中文與翻譯。擁有這樣雙語條件的主持人們，有一部分便是來自海外的華人家庭，特別是亞洲語言組的印尼、泰國、越南語主持人。他們每個人身上，都帶著一個獨特的家族遷徙，和在多元文化環境中生活的故事，其中有戰火的煙硝，異地求生的拚搏，甚至族群情感的糾結。

例如印尼語節目主持人譚雲福，主持風格活潑，在聽友間受到偶像明星般的歡迎，也活躍於台灣的印尼移工圈。但其實，身為印尼華裔第三代，他經歷過多重身分帶來的掙扎，而他的祖輩流轉的歷程，則宛如時代的切面。

譚雲福一九七〇年代中出生成長於印尼，十八歲那年，因為媽媽的一句話意外來到台灣，至今近三十年。來台後，他才漸漸從外婆和父母口中，拼湊出家族的移民過往。

據他外婆說，她出身於新店的客家庄，一九四〇年代中，中日戰事延燒，日軍橫掃占領東南亞各地，台籍男子被召募到前線打仗，婦女則可能充作日軍慰安婦，外婆太害怕了，怕到拋下丈夫和兩個孩子，逃上一艘前往南洋的船。船舶沿途停靠越南、泰國、馬來西亞、新加坡等地的港口，在漫長的航程中，她目睹船上病死的屍體被拋下海，最後，在終點站印尼亞齊下了船。

外婆想辦法生存，在亞齊嫁給了當地人，生下女兒後不久，舉家搬到棉蘭。譚雲福的媽媽在棉蘭成長、與爸爸相識，爸爸來自中國的廣東開平，爺爺奶奶同樣是為了逃離戰爭時期的民生凋敝，而跟著一波南洋移民潮離開廣東，落腳印尼。

譚雲福在棉蘭出生、雅加達長大，他回憶他在學校講印尼語，在家則是客家、廣東、福建、華語多聲道。但在印尼長年的排華氛圍下，他從小被霸凌，因此早早立志要離鄉，高中畢業後原準備留學澳洲，但過年時某個台灣遠親突然來訪，讓媽媽改變決定，送他到台灣，理由是「我們家至少要有一個孩子學好中文」。

於是，原本中文程度只會寫自己名字的譚雲福，來到了親戚口中經濟蓬勃的台灣，在僑生大學先修班（後更名台灣師範大學僑生先修部）就讀兩年後，考取政大政治系。

從一開始的不情願，到初抵台灣大開眼界，譚雲福憶想當年學中文，「最快的方法就是聽廣播和聽音樂。」那是華語流行樂、台灣歌手和香港四大天王走紅亞洲的九〇年代，他笑說在台北去的第一場演唱會就是郭富城的。

但大二那年，一九九八年五月印尼爆發大規模排華（又稱「黑色五月」暴動），讓譚雲福的留學生涯一夕變調。他與家人遙遙相隔，從擔憂、憤恨，到站上街頭參加聲援印尼受暴者的活動，當時他萬沒想到，後來他在台灣工作接觸的對象，都是當時他心中隱隱抗拒、使他家人在家鄉飽受威脅的印尼人。

因為排華事件，家中斷了金援，他四處尋找打工機會，有同學覺得他「很愛講話」，介紹他到中廣海外部應徵印尼語特約主持人。於是，他重拾快要生疏的印尼語，在錄音室對家鄉印尼播音，回覆印尼聽友的來信。

畢業後，他到台北市勞工局外籍勞工諮詢中心（今勞動局移工諮詢服務中心）任職。這份工作比起廣播主持人，更需直接面對印尼移工，因此上班第一天，他就跟主管表明內心衝突。

然而主管開導他，即便他對印尼人有些既定的印象和心結，也應該與他們實際相處。「的確，我慢慢發現，其實他們跟我沒什麼差別，同樣都是遠離家鄉，來到一個新的國家，只是我比較幸運地先來念書，不像他們馬上要面對雇主和工作。」

央廣連線印尼辦理線上心理諮詢活動，譚雲福（前排左一）與聽友合影。

他想起自己初到台灣，在街上迷路時，遇過警察好心陪他等公車，「這些移工在人生地不熟的地方，能夠找誰？自然是像我這樣語言相通的人了。」在勞工局工作，面對在台印尼移工的同時，他也繼續在央廣兼任特約主持人，對印尼播音，因此更加覺得自己就像是一座橋梁：不只協助在台移工解決問題，也讓移工家鄉的親人，透過廣播節目得知台灣的情況。

目前在台灣的移工總人數超過八十萬，其中以印尼移工最多，約有二十九萬人[4]。他們也和上世紀移民到印尼的華人相似，離鄉背井到異地尋找機會。譚雲福的外婆當年因為恐懼戰火，登上那艘開往未知的船時，想必難以想像將有這麼一天，她的孫子會回到她出生的土地，擔當為台灣發聲的廣播人，連結起他人生中的兩個家園——台灣與印尼。

☆從和尚到主持人：陶雲升

*4. 資料來源：勞動部勞動統計查詢網（產業與社福移工人數）統計資料 https://statfy.mol.gov.tw/index12.aspx，統計至一一三年九月。

泰語節目前召集人陶雲升在一九八〇年代來到台灣，成為台灣正在興起的電子產業中的一分子，之後才轉換跑道成為主持人。就像譚雲福，他的節目也對泰籍移工有著重要影響，在許多危機時候他更會出面幫助移工溝通。

陶雲升出生在泰國清邁，是華人移民第二代，父親來自中國。小時候因為家境貧窮，陶雲升曾在約十一歲時被送出家當和尚。他在廟裡學佛、讀書，十七歲時還俗。他表示，泰國習俗認為，男子一生中都應該當一次和尚，不僅能親近佛法，也豐富人生。因為這個經歷，他比一般泰國華人更深入泰國民間，無形中促成了他往後的際遇。

陶雲升從小對電器感興趣，常把家裡的收

泰語節目主持人陶雲升。

音機拆開來研究。還俗後，他修讀電子相關學系。一九八〇年代初正值台灣電子業發展蓬勃，他在二十三歲那年帶著太太來到台灣，在桃園的美商電子公司擔任技術員。

七、八年後，當時已升任管理職的他，偶然得知中廣海外部「亞洲之聲」招考主持人，他決定轉換跑道，在七、八十人應試的激烈競爭中被錄取。

他回想幼時常跟著爸爸用短波收音機聽廣播，從美國之音、英國廣播公司、澳洲廣播公司等國際電台，到其他中、泰、寮等各語廣播，他都如數家珍；天晴時看著爸爸把那台老飛利浦收音機拿出來晒太陽，更是溫暖的記憶。因為與廣播的這層情感、對國際新聞涉獵廣，加上在泰、台都有深厚的生活經驗，讓他擊敗其他競爭者，成為泰語主持人的不二人選。

陶雲升大約在一九八八年進入電台。為了準備節目內容，他常到駐台泰國辦事處找資料。適逢一九九〇年代初開放引進東南亞移工來台[5]，泰國勞工部正在台籌備設立勞工辦事處，處長發現他精通泰文，且過去在電子廠曾參與工會，便

*5. 一九八九年起台灣因應北二高等重大工程興建，首度專案引進東南亞移工，一九九二年通過《就業服務法》正式開放引進外籍移工。

向他請教勞工相關事務，後來更正式聘僱他。

於是，陶雲升便從廣播主持人「斜槓」泰國公務員，上午在泰國勞工處上班、下午趕到電台工作至晚間，身兼二職直到二〇二三年退休。他對在台移工生活處境、法規的了解非常深入，加上穩定、溫和的聲音以及如師長般耐心開導的主持風格，使他在聽友間被稱為「陶老師」，深受聽友信賴。

☆泰北孤軍的女兒：馬靜婷

在「陶老師」的聽眾當中，有位遠從泰國來到台灣照顧父親，並留下來工作的女孩馬靜婷。

馬靜婷一九八〇年代中在清邁出生，母親是泰國人，父親是國共內戰末期從中國撤退到泰北邊境、滯留當地的國軍，被稱為流落異域的「泰北孤軍」。這群軍人在泰國北部墾荒定居、延續後代，在清邁和清萊兩地形成約十萬人的華人社群。

後來國軍在泰北的工作站縮編，馬靜婷的爸爸被調回台灣，她和媽媽則留在泰國，而她也在成長歲月中漸漸遺忘了中文。直到二〇〇九年，她從曼谷的電台離職，到台灣照顧生病開刀的爸爸，並進入中央大學語言中心學習中文。一年半後，她獲得一份在移工仲介公司的工作，負責管理泰籍移工。

任職仲介公司期間，爸爸建議她聽央廣學中文，特別是陶老師的華語教學節目，沒想到，央廣從此走入她的生命。除了精進中文，她也從節目中認識移工相關法令和訊息。二〇一三年央廣招考，她決定給自己一個機會，結果順利考取，成為現任的泰語節目主持人。

☆ 在越戰中度過童年與青春：王一煥

戰爭於譚雲福、馬靜婷而言是上一代的歷史，但對越南語前召集人王一煥來說，越戰是他親身經歷的童年。王一煥一九五〇年代在越南出生，父親為廣東移民，他出生即逢戰爭，南北越打了二十年，他的童年與青春就在戰事中度過。

一九七五年，北越軍隊占領西貢（今胡志明市）取得勝利，隔年共產黨政權統一越南[6]。王一煥描述越南「淪陷」後，局勢混亂，生活貧困潦倒，「常常只能吃晒乾的樹薯和玉米粒、高粱米煮成的飯，或一些在南北越戰爭時期中國援助的白米，但因存放時間過久都長蟲了。」還有用蘇聯來的高粱粉烤成的麵包，「好硬喔，被敲到很痛！」

政府極權的陰影也無所不在，王一煥回憶，南越淪陷的頭一兩天，隨處可見槍枝和手榴彈。他有一次在路上親眼見過一個搶東西的年輕人在槍決前示眾，被軍警拿布矇眼、檸檬塞住嘴巴，用 AK-47 型步槍及手槍直接槍斃，那場面，他至今想到還會不禁別過頭去。

越南赤化後，許多在台念書的越南僑生一夕間回不去，便留下工作、落地生根，央廣越南語主持人中便有不少這樣的例子；戰後也有大批逃離越南的華人，經由中華民國政府的撤僑政策，來抵台灣。

*6. 越南勞動黨七月統一越南，十二月改名越南共產黨。

當時電台的粵語節目也會收到不少越南聽眾來信，例如署名「飛飛」的聽眾寫道：「物價日日暴漲，痛苦為生活奔波的百姓們，僅僅靠一個月九公升糧食部配給的糙米，維持殘喘的生命……。」他們冒著信件被嚴密檢查的風險，在信中痛陳共產黨的統治，並表示收聽「自由中國之聲」是唯一能慰藉他們寂寞心靈的事[7]。

另一名越南聽友馬小君（化名）也寫信給粵語節目主持人「潔心姐姐」，控訴越共對華僑施行的政策，如強迫僑社捐出所創立的華僑學校、醫院，禁止僑社報紙出版，「僑胞們真正地認清了共匪猙獰的面目，開始直接或間接地反抗，消極的則投奔自由，不與共匪合作，積極的則加入反共組織。」[8]這些信件經常會被刊載在當年的廣播電台出版品中。

在此情況下，王一煥因大姊多年前已經嫁來台灣，他於一九八四年申請依親，透過政府接運越南華僑的專案，先搭法航班機從越南飛到泰國，再轉乘華航抵台。

抵達台灣後，他先在功學社（YAMAHA）公司找到一份工作，一邊在空中大學進修。兩年後，他在越南歸僑協會的《自由僑聲》雜誌看到中廣海外部招考訊

*7. 摘自《中廣通訊》。台北：中國廣播公司。民國六十七年九月二十六日出版。

*8. 摘自《自由中國之聲：海外聽眾來信輯要》，第 116 期。台北：中國廣播公司。民國六十七年六月出版。

息，順利考上成為越南語主持人，開啟此後三十多年的廣播生涯，至二〇一九年退休。

他回憶早年住在中壢，每天趕清晨的火車到台北的中廣公司上班，在「自由中國之聲」對家鄉越南播音。他跟著同鄉的華僑前輩學習翻譯、播報，操作笨重的盤帶機器。一九八〇年代末，還遇到幾次反共義士駕機來台的事件，他記得因此得半夜趕到電台改帶子，錄製突發新聞。

除了新聞，他也在節目中播放越南和台灣的流行歌曲。越南聽友特別喜歡點播鄧麗君、姚蘇蓉、青山等歌手的歌曲。時值戒嚴，即使是對台灣以外地區播音的外語廣播節目，也得遵循台灣的禁歌政策，只能播用台灣當局審核通過的曲目；但另一方面，他卻可以播放越南政府禁播的歌，而不必受到審查。

一九九〇年代初，台灣和越南政府開始有往來，互設代表處。王一煥向主管建議，委託台灣駐越代表處收受越南聽友寄給央廣的信件，讓聽友寄信方便，也可節省郵資。自此，來自越南的信件與日俱增。王一煥透過通信與聽友緊密互動，但早期從越南寄出的一封信輾轉來到他手上，往往已歷時久長；且九〇年代的越南雖然逐漸開放，但尚未完全自由，有聽友因為收到他的回信或紀念品，被公安登門詢問關切，後來這位聽友就漸漸斷了書信來往。

不過，也有聽友和央廣維持著綿延多年、穿越國境的緣分。有一次央廣越南語節目在台灣舉辦大型聽友活動，一位女聽友和先生一起來參加活動。她告訴主持人，自己以前在越南時就是央廣越南語節目的聽眾，結婚嫁到台灣後，也仍然是央廣聽眾。對主持人而言，知道自己製作的節目陪伴著聽眾走過人生各個階段，是一個格外溫馨的經驗。

王一煥經歷過冷戰時代，央廣作為「自由中國之聲」對共產越南的廣播，當年的越南聽眾，曾經提心吊膽也要收聽鐵幕之外的聲音。不過，對下個世代的越語主持人范瑞薔薇來說，打開收音機，世界已經全然不一樣了。

☆新一代的越語主持人：范瑞薔薇

范瑞薔薇生於一九八〇年代，成長年代正值越南走向革新開放，北越的饑荒、反美和反資產階級的運動，或年輕人穿喇叭褲走在路上會遭公安剪褲管的場景，都已經是爸媽口中的往事了。

范瑞薔薇是越南人，而非越南華人。但她從小愛看台灣的瓊瑤連續劇，對秦漢、劉雪華耳熟能詳。她笑說那時配音技術不好，電視劇配了越語對白後，還隱隱聽得到原本的中文，「所以我對中文從小有熟悉感。」中學時，她跟著華裔同學聽華語流行歌，從鄧麗君、周華健、任賢齊、S.H.E、蕭亞軒，到泰國女團「中國娃娃」等，都是她追星的對象。加上姊姊讀中文系、嫁到台灣這層親緣關係，讓她在高中畢業後來到台灣。

當時越南學生出國留學的不多，其中去中國的是大宗，像范瑞薔薇這樣選擇來台灣的少之又少，簽證也是費盡千辛萬苦才拿到。二〇〇五年她在師大學中文時，因朋友介紹到央廣應徵，面試她的就是當時的越語節目導播王一煥。

范瑞薔薇從幫忙處理信件的特約人員，到成為主持人，並因對廣播的熱誠，決定攻讀台藝大廣播電視系。畢業後她留台發展，結婚成家，也任職電視台主播、跨足電視劇演出。

和王一煥經歷過的戒嚴時代不同，范瑞薔薇現在播越語新聞不受台灣方面的審查箝制。但是她不諱言，政治的敏感地帶仍然是有的，央廣越語節目近年曾經因播報在台越人批評越南政府的新聞，而接到越南官方電話「關切」。此外，他們播報越語新聞時會避用敏感字眼，例如避稱「越共」而稱「越南」，提及「南

為與聽友同歡，央廣越南語主持人范瑞薔薇（中）剛好即將臨盆，順勢扮演豬八戒，王一煥（左）則扮演唐三藏。

海」主權問題時，需改用「東海」（Biển Đông），「否則會有越南聽友抗議。」

從早期被稱為「外籍新娘」，到工作專業備受肯定，范瑞薔薇的歷程亦反映了台越關係的變化。如今越南經濟急速崛起，成為新南向政策下，台灣投資金額最高的國家；除了經貿往來，越南目前也在全台約六十萬新住民人口中占十一萬九千人，為僅次於中國、數量第二多的國家[9]。

隨著台、越民間互動日益熱絡，越南人民對兩岸情勢也更加了解。如二〇一四年越南爆發反中事件，起因為中國在有主權爭議的南海設置深海石油鑽探平台，越南派遣軍艦阻止，新聞見報後，越南民間爆發排華示威，後演變為暴力行動，有些門口招牌書寫漢字的台灣、香港、日本企業也被波及。央廣節目在這段時期發揮穩定人心的作用，也有越南聽友在央廣越語粉專留言，強調「台灣不是中國」，希望越南民眾勿將這次排華對象的「中國」與「台灣」混為一談。

范瑞薔薇表示，當時台越兩地聽友都很關切事件，越語節目特別成立專責小組，透過短波和網路對越南發布即時報導，並越洋連線駐越南台北經濟文化辦事

*9. 資料來源：內政部移民署統計資料 https://www.immigration.gov.tw/5385/7344/7350/8887/?alias=settledown，統計至一一三年九月。

處代表說明情況、協助當地僑民因應。主持人在節目中呼籲越南民眾理性和平，也透過在國內播出的越語節目，安撫在台越籍聽友的情緒。

從越戰後的來台移民潮、一九九〇年代後越南革新開放與台灣的南向政策，到如今兩國的密切交流，央廣的越語廣播也透過不同世代主持人的故事，扮演了歷史見證與參與的角色。

☆烏克蘭語主持人：申武松

二〇二二年俄羅斯入侵烏克蘭後，央廣於同年四月對烏克蘭及大莫斯科地區增播時段，每天調撥出兩個頻率、共一小時，以俄語播音，並於同年底新成立烏克蘭語臉書專頁，因為，許多烏克蘭聽友再也不願聽到「敵人的語言」了。俄語主持人瑪莎認同地說：「這對他們來說會是很大的安慰。」

烏克蘭人申武松（Oleksandr Woosung Shyn）現在在央廣烏語節目負責製作

主持 Podcast 節目《*Taiwan Calling*》（На зв’язку Тайванщина），並與其他兩名兼職同事一起經營 Facebook、YouTube、Instagram 等內容。這是目前全台灣僅有、也是東亞極少數的烏克蘭語媒體。

目前在台的烏克蘭人約有二百七十人，其中，亞洲臉孔的申武松乍看與台灣人幾乎無異，但他卻是不折不扣的烏克蘭人。他的祖輩為來自前蘇聯地區的高麗裔／韓裔（他們自稱為 Koryo-saram），一九三〇年代被史達林驅逐至中亞的烏茲別克，在當地世居三代後，在他一歲時又舉家遷徙到烏克蘭南部的赫爾松（Херсон），與其他四萬名居住在烏克蘭的高麗人一樣，大部分以務農為生。

申武松（右二）積極參與在台各項申援烏克蘭活動（圖片台灣烏克蘭陣線提供）。

一九九五年出生的申武松成長於獨立後的烏克蘭，他表示，就像其他境內少數民族如亞美尼亞人、喬治亞人等，原本他對自己的認同是「韓裔的烏克蘭公民」，直到二〇一四年的廣場革命[10]啟蒙了他這一輩的年輕世代，他開始以「烏克蘭人」自居。

申武松解釋，他出身的烏克蘭南部人會說一種混合的「烏俄語」，因為連父母都不太會說韓語，他從小母語是俄語，上學後才正式學烏克蘭語，但代表「高尚」的俄語仍是他們在公開場合、甚至網路社群中會使用的語言，他的爸媽更認為烏克蘭語是「鄉下的語言」。

然而歷經廣場革命洗禮後，這批一九九〇後出生的年輕人，擁有比上一代清晰堅定的「烏克蘭認同」，他們沒有蘇聯時代的生活記憶，也不像父母那一輩對「大俄羅斯」有歸屬感。二〇二二年俄羅斯入侵烏克蘭，更凝聚了烏克蘭人從國家到語言的認同，他們開始揚棄俄語、捍衛並使用烏克蘭語。

申武松以「殖民」稱呼俄羅斯的統治，「顯然，文化壓迫也是這場戰爭的一部分。」他說，例如在被俄羅斯占領的赫爾松，小孩在學校裡不再學烏克

*10. 二〇一三年底，支持「脫俄入歐」的烏克蘭人民抗議親俄總統亞努科維奇（Віктор Янукович）拒絕與歐盟簽訂貿易協議，於基輔獨立廣場（Майдан Незалежності）引爆大規模集會示威，至二〇一四年初衝突升溫，亞努科維奇逃至俄羅斯，三月俄羅斯出兵併吞烏克蘭境內的克里米亞（Крим），並支持烏克蘭東部地區的親俄勢力與烏國當局武裝衝突，稱為東烏克蘭戰爭。

蘭語，任何人在公開場合說烏克蘭語都會被懲罰。

不論是因身世、求學歷程，或在央廣的新聞與主持工作，移居過世界各地的申武松，對「語言」深感興趣。他認為語言是文化的核心，也是認同的根基，因此從小對家中說俄語感到困惑；十五歲起，他就讀由韓國大使館部分資助的烏克蘭國立學校，十八歲到南韓首爾上大學，期間曾來台於成功大學修讀一學期。

他細述當年就被台灣豐富的原住民文化和語言復興運動所吸引，之後他赴歐洲留學，碩士論文更以台灣的原住民族語言教育為題。二〇二一年他再度申請台北科技大學MBA課程來台，四個多月後，戰爭爆發了。

他家人所在的赫爾松首當其衝，開戰之初，他的兩個中學同學就死於砲火之下，他回想當時驚惶無助，因此積極參與在台烏克蘭社群的活動，發起成立「Ukrainian Voices」（烏克蘭之聲）組織，號召募款與人道救援等。

幾個月後，申武松的家人順利移居韓國。而在此刻，命運沒有把他帶往親近的歐洲，或血緣的原鄉韓國，反而把他留在了台灣，是否有其冥冥中的巧合？

中武松表示，過去烏克蘭懼於中國壓力，對台灣接觸不多，因此他在央廣積極補足這塊空白。除了報導台灣對烏克蘭的聲援，也會用英、烏語介紹台灣的政治經濟和社會文化。他曾在節目中訪問來台參加台北國際書展的烏克蘭出版人，也是譯介出版三毛、吳明益、陳思宏等台灣作家作品的施拉娜（Svitlana Pryzynchuk），以及出身客家的基輔台灣貿易中心主任徐裕軒等，討論語言、認同和翻譯議題。

他非常喜歡台灣原住民音樂，是排灣族歌手阿爆的粉絲。節目上，他也採訪許多推動客、台、原語等母語運動相關人士。他笑說，因副總統蕭美琴以她名字的台語發音 Hsiao Bi-khim 為英文名，他為了翻譯索盡枯腸，「我恐怕是第一個把她的台語文姓名翻成烏克蘭文的人。」沒想到，他的努力引來回響，有位烏克蘭聽友寄來一份自製的「台語—烏語」翻譯系統與他分享。

二〇一四年廣場革命時，他人在韓國讀書，也從韓國發出聲援。他表示，相較於十年前韓國社會對烏克蘭廣場運動的回應，這次台灣對烏克蘭的支持熱烈許多，當然也因俄烏與中台關係的類似，拉近了彼此的距離。

不過，即使俄烏戰爭警示了台灣，他認為兩國情況不盡相同。「相較於預測未來，我更想多理解台灣的歷史。」他肯定台灣社會開放成熟，社會上各民族、階層有表達多元意見的管道，公部門有專職各族事務的客委會、原民會等，民間社運團體發展蓬勃。

申武松表示，他很高興能在這裡認識來自各國各民族的人，雖然到央廣工作的初衷是為烏克蘭發聲，但也是為了台灣，「畢竟，我的家鄉被俄羅斯占領了，我的家人在韓國，現在，台灣是我唯一的家，也是我唯一能感到安全、不必害怕受威脅的國家。」

☆ 俄烏戰火下的俄語主持人們

身在對世界廣播的崗位上，主持人們也在台灣與我們一同經歷世界的變化。

二〇二二年四月，央廣俄語召集人瑪莎讀著烏克蘭聽友的來信，悲傷難抑。那封信上寫著：「在寫這封信的同時，我接獲鄰近村莊遭到集束彈攻擊的訊息，傷亡未知。前幾天我到赫爾松附近曾被入侵的村落，現在只剩下老人、被丟棄在田裡的乳牛，有的已死去，被地雷炸死。還有失去主人的寵物，被摧毀損壞的家屋，是非常悲痛且令人恐懼的景象……。」

從十一歲那年在外婆的書櫃中發現俄語版《紅樓夢》後，瑪莎的人生就改變了。因外婆在出版社工作，家中存有這套漢學家帕納休克（В.А.Панасюк）翻譯的經典，被她在偶然間發現。不知為何，這本童年的「故事書」從此牽引著她，一步步走入那個遙遠的古典世界，堅定她學習中文的志向，並考進莫斯科大學中文系。

大學期間，她打工當導遊時結識了來自台灣的朋友，一九九九年首次來台旅行。當年，震撼她的除了新奇的台灣文化，還有剛好發生的九二一大地震。

二〇〇一年研究所畢業後，她再度背著行囊，來到這個偏遠的小島。有天她走進便利商店買報紙，「那麼剛好，我第一次買《*Taipei Times*》，就看到央廣的徵人廣告。」她直呼就像《紅樓夢》裡說的「緣分」，偶然的促成，讓她在二〇〇二年進入央廣擔任俄語節目主持人，期間除了返俄兩年，長居台灣至今。

她在二十四歲那年來台，在台灣生活超過二十年，早已認同民主自由的價值。戰爭一開打，瑪莎擔憂地寫信給烏克蘭地區的聽友，「很多人回信感謝關心，現在也還繼續收聽我們節目。」在申武松加入後，央廣也有了烏克蘭語的節目。

二〇二二年底，戰火還在持續，但烏克蘭的俄語聽友心情逐漸緩和，也來信祝福瑪莎聖誕和新年快樂。如哈爾科夫（Харків）的 Andrey 寫道：「因為安全考量，全市過年活動都在地鐵內舉行，中央

烏克蘭聽友提供在地鐵站內的耶誕樹。

的聖誕樹也放在地鐵站內，這是這個城市的第一次……。」來自聶伯彼得羅夫斯克州（Dnipropetrovska oblast）的 Olexander 描述他的所在地狀況穩定，不過隔壁城市正遭受轟炸，全國各地都有限電措施，網路也有問題，「但這一切都不重要，我們會活下來，活下去！」

瑪莎表示：「讓烏克蘭知道台灣有人支持他們，是很重要的。」開戰後不久，央廣便每天對烏克蘭和大莫斯科地區增播一小時俄語短波節目，報導戰事、台灣的聲援與國際回應等。她曾採訪一位在台烏克蘭女士，親述戰爭開打時，她與全家如何從烏國第二大城哈爾科夫一路逃難到波蘭，再隨台灣先生抵台。她在節目上說到哭了，瑪莎也忍不住一起掉淚。

但另一方面，也有俄國聽友來信抗議央廣，「有些人擁護俄方政府，所以氣著說要跟我們節目絕交，但過陣子捨不得，又寫信來……。」瑪莎自己也有朋友在戰爭開打後不再和她說話了。她苦笑道，俄國透過新聞控制，帶給人民假訊息，包括讓人們以為戰爭是烏克蘭發動的，因此曾有俄語聽友寫信罵她播報假新聞。

「但我知道我們在對的一方，更因為這樣，俄羅斯人民有權利聽到不同角度的新聞真相，所以我們一定要持續播報，堅守立場。」

在這情況下，她特別感念的是仍然有反戰立場的俄國聽友，冒著風險寫信來表達支持。二〇二四年五月有位俄羅斯聽友來信，自稱「台灣的朋友」，他寫道：「台灣是個獨立自由的國家，你們的民選總統就職典禮，完全不能與我們都知道的某個總統的就職典禮相提並論，也就是那位由人民選出第五次連任的總統。」

然而情感上，瑪莎坦言：「我還不想完全放棄我的國家。」因此只好和家人避談戰爭。至於她和其他俄籍同事，是否受到來自俄國官方的壓力？瑪莎只淡淡地說：「我們不能害怕，如果連我都害怕，他們就贏了。」

對瑪莎三十歲的年輕同事羅心瑀（Ольга Михайлова）而言，戰爭的衝擊同樣巨大，令她感到悲痛。

她出生於俄羅斯薩馬拉（Самара），和瑪莎一樣就讀莫斯科大學中文系，大學期間先後到中國深圳、台灣當交換學生，感受卻完全不同。「我在深圳感覺很不適應，但從溫暖漂亮的台灣回到莫斯科後，第二天就下定決心搬回這裡。」二〇一八年她考取政治大學亞太研究所，兩年後進入央廣，現結婚定居在台。

來台六年多，她常笑說自己是在台灣長大的，「原本我是個沉默、沒有想法的人，但從二十三歲到現在的成長關鍵期，我很幸運是在台灣開啟自我追尋，所以現在我要盡我所能，幫助那些不能像我一樣來到這裡的俄羅斯年輕人，拓廣他們的觀念。」她說：「從相對沒有自由的地方來到這，才會知道這是多麼珍貴的價值。我就是為了這份自由，決定離家到台灣生活。」

她企劃主持的節目《樂活台灣》，每集訪問從事同個行業的台、俄人士，「俄羅斯人很容易以自己國家為中心，台灣對他們來說既陌生又遙遠，但我想透過節目，讓他們發現其實彼此的差距沒有那麼大，就看你願不願意去理解。」

在這個她奶奶口中「落後」的國家，她認識了來自世界各地的人，開始認真學英文，看以前沒看過的美國雜誌，頭一次參加同志遊行……那些在俄國被禁止的事物以百花齊放的方式在她眼前展開，有如震撼教育。瑪莎補充笑說：「例如我們發現原來參加同志遊行不會讓妳變同志，當同志也不會死。」

羅心瑀自述和過去判若兩人，「我從派對裡最無聊的人，變成最有趣的人，因為我親身體驗過很多事，有話題可以跟人聊天了。」現在她最好的朋友是來自基輔的烏克蘭人，也有要好的同志友人。但這樣的她和瑪莎一樣，戰爭成了她和家鄉親人不能觸及的話題。

這幾年，她從毛遂自薦爭取來央廣當實習生，到成為俄語節目主持人，一直致力在這個位置上，把「自由」的模樣傳播給家鄉。但俄烏戰爭撕裂了彼此，如今她不免困惑：「一開始我的任務是推廣台灣，現在我自己也不清楚最應該做什麼了，保護自由？抵抗假新聞？還是反對俄羅斯政策？」

瑪莎則在無奈中為同仁打氣：「我們一直透過節目鼓吹自由價值，遺憾的是，我們的國家還是去打仗了，只好繼續努力，沒有別的辦法。」台灣、俄羅斯、烏克蘭，因為這場戰事，在她們身上交錯成一個難解的結，而她們正奮力抵禦著這樣的艱難。

央廣的主持人來自四面八方，他們進入電台後，會先經過一段時間的培訓，才成為獨當一面的主持人。

☆與廣播共度的歲月

隨著科技進步，廣播的核心——聲音，其儲存媒材已從一卷卷厚重的大盤帶，演進到數位音檔；過去拿著剪刀和膠帶「剪接」帶子，或為了省錢得反覆洗掉帶子重錄的情景，也已走入歷史。不變的是，廣播人獨自在錄音室所發出的聲音，能傳到天涯海角，收到來自全世界的回響。

現任央廣主持人回顧初進電台的培訓，多為「手把手」的師徒制教學。例如越語主持人范瑞薔薇記得，當年導播王一煥特別指導她「聲音」表現，包括播報新聞的聲調需較穩重、有厚度，她為了拓寬音域，也花時間探索聲音的表情和層次。

歐美語言組則首重新聞寫作，德語、法語主持人邱璧輝、王心瑛不約而同提到，歐洲新聞稿寫法為傳統「倒金字塔」、「五個W一個H」（Why, What, Where, When, Who和How）的結構，要在短短幾句內交代完人、事、時、地、物與事件原因和做法等，需精簡扼要，與偏重鋪陳的中文新聞寫法不同。

新聞以外，主持人更透過各類節目的企劃經營，和聽友交心「搏感情」，而放眼國內媒體，能以十多種外語節目向國際介紹台灣的，也僅有央廣了。

經過培訓，主持人們擁有專業技能與公共媒體的素養之後，如何企劃節目方向則有非常大的空間。

對有的主持人來說，製作節目是他們發揮畢生所學的機會，如俄語主持人瑪莎從小熟讀《紅樓夢》並通曉中文，近年她受台灣作家白先勇《細說紅樓夢》一書啟發，決心仿效書中解析的角度，

白先勇老師與瑪莎分享《紅樓夢》研究心得。

新開 Podcast 節目《細說紅樓夢》。節目中，她針對俄語聽眾解釋《紅樓夢》俄譯本難以精確翻譯之處，連帶書中人物喝茶的杯子、穿的衣服，生的病和吃的藥，都一一延伸介紹，結果竟逐漸吸引原本沒有收聽過央廣的年輕人，意外拓展了聽眾群。

韓語主持人白兆美曾在故宮擔任專業導覽員，她知道故宮對韓國旅客而言充滿吸引力，因此策劃了故宮與央廣合作的《故宮瑰寶》韓語節目，結合文物故事並搭配影像敘述，讓韓國旅客更能通曉文物背景，吸引更多韓國觀光客來台。

傳統的廣播以聲音作為聽眾日常的陪伴，因應時代變遷，央廣也跨足影音節目。二〇一二年范瑞薔薇主持的越語行腳節目《越南腳步台灣行》走出錄音室，訪談在台越南新住民、移工、留學生等，並跨洋與越南國營電視台 VTC 合作，在越播出。

外語節目部自二〇二一年推出的《阿兜仔逦台灣》系列影音節目內容則更深入，由各語主持人搭配專業拍攝團隊，上山下海尋訪台灣文化相關題材，至今已製播近五十集，內容詳盡豐富，從泰雅編織、霹靂布袋戲、手工醬油製作，到中醫傳統、守護穿山甲與各地鐵道之旅等，反應熱烈。

這系列節目從台灣出發，也強調與各國文化的連結，如德語節目製播的〈周台英！台灣女足的傳承〉一集，便從德國紀錄片《台北的奇蹟》，追溯到一九八一年因德國女足受邀來台參加足球賽、催生出德國第一支女子足球國家隊的故事。節目中訪談德國的紀錄片導演、威震海外的中華木蘭女足名將周台英等，描繪這段跨國女足情緣。

《阿兜仔迺台灣》外景拍攝。

法語召集人王心瑛認為，製作影音節目需從聲音思考轉化到從畫面思考，「每一句話都要設計能搭配的畫面，挑戰很大。」但也因能不斷學習、擁有極高自主性，是這份工作最吸引她的地方。

至今法語節目報導過慰安婦議題、訪談花蓮的法國神父劉一峰，也製作了一系列廟宇門神、舞獅、製鼓、木魚等傳統工藝專題，她表示，常有聽友收聽或收看後，興味盎然地追問更多資訊，這些回饋不僅是他們持續努力的動力，也刺激了新節目的靈感。

比如有位法國聽友從事台法科技交流相關工作，對台灣的風土人文和科技發展都相當了解，因此曾引介他們訪問一位在法從事公雞精液研究的台灣科學家，不僅拓展節目題材，也開發了主持人自己未知的領域。

在這個自由的地方，透過發送到地球上空的電波，來自天涯海角的主持人們，探索、暢談著各式各樣的主題，也把新知與觀點帶給聽眾。

央廣的粵語和客語廣播

「聲音」永遠是廣播的核心，透過聲音傳播的「語言」，就是搭起雙方交流最重要的橋梁。

除了外語廣播，央廣的粵語、客語廣播也串聯著全球各地的母語族群，甚至成了語言保存的活寶庫。

全世界有多達八千五百萬的粵語母語人口，央廣的粵語聽友分布世界各地，從中國、東南亞、北美橫跨到歐洲。粵語主持人劉螢表示，目前中國因政策導向，「普通話」越趨強勢、使用母語人口嚴重萎縮。相對地，海外華人反而是傳承粵語的重要族群，也是央廣粵語廣播最堅實的聽眾。

從前，央廣粵語聽眾以年長一輩的華人為主，但近年因香港局勢動盪，移民者眾，在香港海外收聽央廣、和主持人互動的聽友當中，年輕人明顯增多。不過，因中共壓制氛圍緊張，許多聽眾選擇不在節目中曝光姓名。以往粵語主持人到廣州會約見的老聽友，也都不敢再相見了。

在此情勢下，從台灣發聲的央廣粵語，承載了各地粵語母語者的期望。被聽友暱稱為「沙姐」的粵語前導播沙文芳，本身就是粵劇曲友，致力在台推廣粵劇。她在節目中的獻唱演出，往往是聽友最期盼的橋段。

粵語前導播沙文芳的粵劇扮像。

和粵語一樣，央廣的客語聽眾分布廣闊，遠從東南亞的馬來西亞、新加坡、印尼，直到印度洋上的模里西斯、隸屬法國的留尼旺島，以及橫越半個地球的大溪地等。

這些客語族群對央廣的感情深、凝聚力高。模里西斯聽友侯翠玲的父親和友人在一九三二年創辦《中華日報》，便常根據當時自由中國之聲的新聞，再撰寫成新聞稿發表，讓當地華僑知悉台灣的消息。

侯翠玲（右三）二〇二三年返台，與家人特別至央廣拜會客語主持人。

客語節目最遠甚至曾收到來自西伯利亞、俄羅斯短波迷的來信，這名聽友表示因溢波[11]收聽到央廣客語節目，雖聽不懂內容，仍仔細寄來收聽報告。

過去央廣也曾推出英語的《*I love Hakka*》（我愛客家）和西班牙語的《*Mundo Hakka*》（客家世界）節目，將客家文化介紹給國際非客語聽友，也幫助英語、西語世界的聽眾認識身邊的客語族群。

*11. 指經發射後，傳遞到原本設定範圍外的無線電波。

第二章

曾經，留存在廣播史的另一種聲音

今天的央廣「臺灣之音」，用二十種語言向世界傳播。其實，台灣的廣播史，曾經有過另一種面貌，與二戰、冷戰密切相關。

因為台灣的地理位置，使這座島嶼成為向東南亞、大洋洲、印度洋與中國播音的據點。在二戰期間，台灣是日本帝國南進政策的廣播重鎮。在冷戰時代，台灣是「自由中國之聲」，與美國西方公司合作，也擔負軍情局向中國廣播的心戰任務，傳遞訊息給情報員。

也因此，當年為戰爭而建設的廣播工程設備，在台灣民主化之後，能夠為新時代所用。

接下來我們就來回顧那段歷史。

☆嘉義水田中的放送所

在台灣，人們對於廣播的初體驗，是怎樣發生的呢？

一九二五年，日本開始廣播事業，台灣總督府藉著舉辦「始政三十周年紀念博覽會」，進行了第一次的實驗性播音。榮町（今中山堂南口前）設置一台五十瓦特的播音機，在台北新公園會場播放起西洋古典名曲、琵琶演奏、鋼琴獨奏、童謠。這場博覽會成功帶動了人們對廣播的好奇。當時島內有近四百人擁有收音機，以短波收聽來自內地（日本）的放送。有些更好奇的人，也會收聽來自馬尼拉的廣播。

一九二八年，「台北放送所」成立。初期每天播音五小時，播放的節目內容有報導、教養、娛樂等。民眾想要擁有收音機，必須辦理「收音機登記」並繳交每月一圓的「收聽許可費」，因此台灣能在家聽廣播的，主要是中產階級日本人，或是較為富裕的台灣人。普通民眾則是在公家機關、學校、村莊、餐廳、咖啡館、商店等公共場所收聽廣播。

不過，就在一九三〇年代，日本帝國的南向戰略也來到了台灣。日本政府決定在台灣南部興建一座大功率廣播電台，以服務南進政策所需要的軍事和心戰用途，同時反制南京國民政府的中央廣播電臺對台灣的廣播。位在嘉南平原上的民雄頂寮（今嘉義縣民雄鄉寮頂村）的一片水田，因此地理位置正適合作為廣播發射基地，因此

興建民雄放送所時，以人工鋪設巨型纜線。

被選為「民雄放送所」的所在地。

民雄放送所的建築，是由台灣總督府交通局技師鈴置良一設計，裝置著由田中信高設計、日本電器（NEC）製造的MB-15-A型一〇〇千瓦中波發射機。由於在戰略規劃中，民雄的廣播必須要能傳遞到幾千公里之外，因此必須使用特製規格、比一般電纜粗上數倍的線材。光是將這些電纜運送到民雄，就已經是件不容易的事：得先用貨船從日本運到基隆港，再用火車載運到民雄站，接著藉由鋪設好的臨時鐵軌，用牛車拖運到工地。許多當地人被雇用為臨時勞力，參與施工，費時三年完工。

於是，一座二十世紀初廣播工程技術

民雄放送所日治時期用的大型發電機。

的結晶，在嘉南平原上出現了。兩座高達二〇六公尺（約七十層樓高）的T型天線鐵塔，矗立在田野之中，發射的電波涵蓋範圍遠及東南亞和中國的江蘇省、南京市等地。一九四〇年九月二十八日，民雄放送所正式開播，台灣總督小林躋造出席主持開幕。當時的放送所內，發射機房、變電所與宿舍已一應俱全。

這，就是今天仍然矗立在嘉義民雄的「國家廣播文物館」。

☆戰爭使人們更想聽到廣播

另一方面，在中國南京，在黨國元老陳果夫的倡議和籌措經費之下，中央廣播電臺一九二八年在南京丁家橋的國民黨中央黨部大禮堂正式開播，由蔣介石啟播。電台肩負宣揚政策的任務，主要播報的是政府決議、重要新聞及氣象、各省通令通告，娛樂性的節目僅有播放唱片與特別音樂。

一九三二年，南京中央廣播電臺（七十五千瓦）開播後，台灣也可收聽到該台節目，隔年甚至可收聽南京央廣播出的「閩南語新聞」，在新聞中播出的日美外交危機、即將開戰等說法，曾經使得基隆地區謠言四起[12]。這也是一九三七年蘆溝橋事變發生後，台灣總督府決定在民雄興建放送所，以更大功率的電波輸出加以反制的原因之一。

一九二八至一九四〇年代間，台灣總督府陸續在台北、台南、台中、嘉義、花蓮成立電台或發射台，並使用短波對海外進行日語、英語、福建語、北京語、粵語、馬來語和越南語放送。在當時，台灣是日本帝國向海外放送訊息的重要

重慶防空洞播音。

*12. 林平，〈戰後初年臺灣廣播事業之接收與重建（一九四五－一九四七）：以臺灣廣播電臺為中心〉，《臺灣學研究》第 8 期，頁一九一－三八。新北：臺灣學研究中心，二〇〇九。

據點。

島內的民眾同樣關注時局發展，戰爭甚至帶動了台灣的廣播收聽戶迅速增加。我們從史料中可以看到，當時台灣的知識分子們如何從廣播中得知戰爭的發展。一九四一年十二月八日珍珠港事件後，台灣議會之父林獻堂接到友人、也是社會活動家葉榮鐘的電話，告知他從收音機聽到美日已經進入交戰狀態。太平洋戰爭爆發後，全台新增一萬二千多戶收聽戶[13]。到了戰爭末期，作家吳新榮更是從收音機得知山本五十六聯合艦隊司令官戰死、日台航線汽船被潛水艇擊沉、英美聯軍攻陷巴黎等消息。

一九四五年八月十五日，台灣瀰漫著不尋常的寧靜。中午，收音機報時之後，播音員說：「現在有重要的廣播，請大家起立。」接著就是昭和天皇的聲音，第一次透過廣播播送出來，宣讀停戰詔書。這就是日本人所稱的「玉音放送」。

*13. 何義麟，〈廣播與戰爭宣傳〉，《臺灣學通訊》第 86 期，頁十八－十九。新北：臺灣學研究中心，二〇一五。

☆戰爭結束後……

二戰結束後，台灣有過一段聽廣播學習「國語」的熱潮。從一九四五年十二月一日開始，廣播電台以一天兩個時段教授「國語」：早上七點二十五分到七點五十五分、晚上六點到六點三十分。由國民黨中央廣播事業管理處派到台灣、接收台灣放送協會的林忠編輯《國語廣播教本》；他的妻子錢韻則負責廣播教學。

不久後，二二八事件爆發。一群年輕人衝進台北新公園內的臺灣廣播電臺，搶過播音員陳秀蓉的麥克風，將發生在天馬茶房的事件始末傳送出去。不幸的是，當中央派遣的國軍在基隆和高雄登陸，展開全島性大規模的血腥鎮壓後，臺灣廣播電臺的員工也成為被肅清的對象[14]。

其後國民政府在國共戰爭中失利，中央廣播電臺也從南京撤退到台灣，改組為「中國廣播公司」。從一九四九年七月十六日開始，每晚中國聽友就能聽到「自由中國之聲」節目：「這裡是自由中國之聲，在中華民國台北發音。」這是透過日

*14. 呂東熹，〈228 受難的廣播人陳亭卿〉，《二二八記者劫》。台北：玉山社，二〇一六。二二八事件紀念基金會，〈二二八遺址：臺灣廣播電臺〉。

治時期裝設在嘉義民雄的一〇〇千瓦發射機，向中國發送的播音。十月十日起，以英語、華語對美國廣播[15]。

同年年底，國民政府遷到台灣。次年，韓戰爆發，讓美國意識到圍堵蘇聯、中國共產黨政權的重要性。台灣被納入「美援」的體系，雙方簽訂共同防禦條約，美軍駐台，而台灣也再次成為廣播戰的據點。

這一次，台灣站在了美國與西方的陣營。

中央宣傳部中央廣播
無線電臺通告第一號
本報招請譯電員
專稿報酬
中央宣傳部徵求
中央國術館故事

央廣創臺時的新聞公告。

[15] 何義麟、林果顯、楊秀菁、黃順星著，《揚聲國際的臺灣之音 中央廣播電臺九十年史》。台北：五南出版，二〇一八，頁八十二。

☆ 成為冷戰中的一環

在鹿港的海濱，豔陽下海風吹颳著，一畦一畦的魚塭旁，兩層樓的電台建築工程矗立了起來。幾名女工在電台前來回鋪平著馬路，那是鹿港第一條馬路——「光復路」。美國來的工程師指導著工人，比劃著兩座鐵塔即將落下的地點。空氣中飄散著魚腥味，比蒼蠅還大的牛蠅縈繞著電台工作人員。時任民雄分臺工程師蔡其傳穿著央廣的制服夾克，依然抵擋不了牛蠅，手臂被叮到發紅。他從民雄分台來這裡支援已經好幾個月，協助鹿港分臺安裝測試美國大陸電子公司（Continental Electronics Manufacturing Co.）的三部中波發射機。

一九六九年十月，央廣鹿港分臺順利啟用播音。就像當初民雄分臺是日本帝國的戰略據點，此時的鹿港分臺也是美國在冷戰中的重要建設。環繞著分臺的是一道「護城河」，護城河內有憲兵駐守的電台機房區、中流新莊宿舍與南北兩處天線區，是鹿港人眼中的軍事重地。

央廣鹿港分臺及鐵塔。

鹿港分臺規模為當時央廣各個分臺之最、發射機功率亞洲第一，為了提供三部發射機足夠且穩定的電力，電台配置獨立變電設施，且考慮鄰近鹿港海岸恐有鹽害，鹿港分臺建造了全國首座「室內型變電所」。

此時，美蘇關係依然對峙，中國正發生文化大革命。美國無法從本土直接將電波傳送到共產地區，因此藉由強化盟國的廣播設備，將聲音傳入共產世界。台灣由於地緣位置，成為美國援助廣播設備及改進節目內容的對象。另一方面，台灣也想對中國加強布建心戰廣播，特別是趁文化大革命時，強調中華民國的文化正統、懷柔對岸的人民，反制中國對台的統戰廣播。因此在蔣介石命令下，由行政院責令駐美採購團軍資組向美國大陸電子公司進行設備採購，駐美大使館接洽美國進出口銀行進行貸款，所採購的設備費用超過一億新台幣。一九六〇年台灣的GDP為十七．四三億美元，換句話說當時的這筆採購等於台灣全年GDP的百分之五．七。

一九六六年，央廣開始「中流計畫」，設立鹿港分臺（一九六九年開播），強化對中國的廣播滲透能力。一九六九年進行「定遠計畫」，設立虎尾分臺（一九七二年開播），不僅對中國廣播，也對東南亞廣播。這些分臺從規劃、位置勘察，到機器設備的提供與安裝，美方都有參與。分臺建好後，央廣除了自製節目，也會分撥頻率及時段給美方使用。在討論移用時間對海外廣播時，也需先與美方協調。

根據央廣資深員工的回憶，一九七〇年代在央廣的會議中，常有一位美方的代表出席。他大多不太發言，只是坐在會議中。也因為央廣有這層神祕的「美國關係」，早期央廣員工會領到美金的津貼，待遇比一般公務員來得優渥。

☆一九七〇年代的心戰

一九七一年，聯合國以二七五八號決議，否決中華民國的中國代表權，由「中華人民共和國」取得聯合國席次。美蘇關係似乎有和緩的趨勢，與中華人民共和國也朝向建交邁進。中華民國的地位，有如風雨飄搖。

但另一方面，美國仍持續資助央廣的工程設備、技術、貸款。冷戰還沒有落幕，央廣繼續扮演著民主陣營的傳聲筒。正因為中華民國對自身國際地位的不安全感，一九七〇年代是台灣對中國心戰最積極的時期。

一九七四年，央廣脫離中國廣播公司，改直屬於國民黨中央。在冷戰時期，央廣「編審組」是中華民國政府執行廣播心戰的核心。電台播出的所有節目內容，都由編審組寫稿，再由值班的播音員照稿念出。

親身經歷過那個時代的前編審組專員劉瑋瑩回憶，一九七〇年代的編審組中，有人來自南京、重慶抗戰時期的中央電臺，在一九四九年跟隨國民政府到台灣；有人是被中共送上韓戰前線、被美韓聯軍俘虜後選擇來台灣的「反共義士」。她印象特別深刻的，正是這些身上刺著「反共抗俄」，外表粗獷的韓戰義士，他們的文筆與外表給人的印象完全不同，有深刻的古典文學底蘊。

既然要對中國做心戰廣播，就必須掌握對岸的狀況。央廣節目部資料組偵聽課的人員，每天監聽抄錄中共中央人民廣播電台的節目內容，打字編排油印，編成《共匪廣播實錄》。每天早上八點前，電台都會將最新的《共匪廣播實錄》專人送交總統府與重要政府部門參考。編審組人手一本《共匪廣播實錄》，還有從香港購入《人民日報》等戒嚴時期一般人無法入手的報章和書籍，作為寫心戰稿的參考資料。

編審組每週開一次主題會議，國民黨中央委員會大陸工作會也出席會議。在這種情況下策劃出來的節目如《三家村夜話》、《鄧麗君時間》等，都是為政治作戰而服務。

《共匪廣播實錄》為央廣偵聽室聽打中共廣播節目逐字稿。

☆給敵後情報員的「特約通訊」

其中，「特約通訊」特別充滿濃厚神祕色彩。

「特約通訊」播報的不是談話，也不是音樂，而是一連串的數字。這些數字，人在中國的敵後情報人員收聽到後，可以用特殊方式解碼，解出其中隱藏的訊息。

「六六〇二同志，六六〇二同志，下面是中央給你的指示，請注意收聽，五五六七，五五六七……。」

「特約通訊」的稿子常是四個數字一組，由國防部軍事情報局提供，播音員只負責播出。通常是在午夜十二點到凌晨三點之間，由電台聽眾信箱小組負責播音，密集、重複地播放。

解嚴之後，電台人員才獲知，這些密碼是根據一本事先約定好的書所編寫，前兩個數字表示頁碼，第三個數字是行，第四個數字是該行的第幾個字，用這個方式一字一字檢索出訊息。

播報的數字有些是真，有些是假，目的是要造成中共心慌，誤以為中國有很多台灣的敵後工作人員。編審組、播音員都不知道哪些是真哪些是假，只有軍事情報局知道。

《特約通訊》文稿內容。

☆《鄧麗君時間》

一九八〇年七月，央廣改隸國防部，從黨營事業轉變為國防機構。為了強化廣播作戰效能，國防部轄下光華電臺也併入央廣。原光華電臺的十八個節目中，最為風靡中國聽眾的《鄧麗君時間》也在其中。

其實，《鄧麗君時間》並非一般電台音樂節目，而是情報局的專案「草原計畫」（取「星星之火可以燎原」之意），整個節目的設計、所播放的鄧麗君抒情歌曲，都是為了向中國聽眾作心戰宣傳。

主持《鄧麗君時間》的，是當年才二十多歲的陳曉萍。陳曉萍出身軍人家庭，一九七八年參加電台全國招考，考取光華電臺，進入軍方心戰總隊工作。一九七九年，她以化名「高平」開始主持《鄧麗君時間》，一九九五年鄧麗君過世後，節目名稱改成《寶島之歌》，延續了一段時間後才結束。長達十六年的主持歲月，她始終沒有見過鄧麗君。甚至她自己也保持低調，沒有在聽友面前出現過，這都是因為這個節目的特殊性質，讓有關單位認為應該用較嚴格的保密安全標準。

一九七〇年代晚期，中國的文化大革命結束，鄧小平回到權力中心，開始有些改革開放的跡象。一九七九年底，中共停止干擾外國廣播，中國開始可以聽到來自國外的短波節目，這正是《鄧麗君時間》開播時的時代背景。沒有了電波的干擾，台灣的流行音樂在中國民間大為風靡，其中最受歡迎的就是鄧麗君。根據當時媒體報導，鄧麗君的歌聲已在中國掀起高潮，各地街頭小販叫賣鄧麗君的照片，工人省吃儉用、甘願以四分之一月薪向黑市購買鄧麗君的卡帶。

《鄧麗君時間》在每天晚上八點的黃金時段對中國播出。「甜蜜蜜，你笑得甜蜜蜜，好像花兒開在春風裡，開在春風裡。在哪裡，在哪裡見過你，你的笑容這樣熟悉，我一時想不起……。」節目一開始，總是以柔美的〈甜蜜蜜〉歌聲開場，音量慢慢壓低，主持人陳曉萍以清麗的聲音跟大家問候，開始播報台灣的情況，談論中國聽眾會想知道的事情，甚至，當中還會隱含給敵後人員的情報。

《鄧麗君時間》的廣播稿一律由情報局提供，當天要播放的鄧麗君歌曲也是由情報局挑選的，陳曉萍事前都不知情，當天進到央廣的黃河錄音室，從導播手中拿到稿子後，才會知道播報內容。節目錄製完後，全部的稿子由情報局收走，不留一張。

情報局每週會提供三篇不同的稿子，陳曉萍一次錄完。接下來的一週內，每天播放二十五分鐘，週一週二、週三週四、週五六日，各是一組相同的內容重播。「重播」一方面是增強《鄧麗君時間》的心戰威力，另一方面是降低短波受天候影響、聽不清楚的機率。

《鄧麗君時間》在中國有一定的影響力。一九八二年駕駛米格機投誠的反共義士吳榮根，就說他是鄧麗君的歌迷。在他來到台灣的記者會上，當局也特別安排他與鄧麗君見面，二人甚至合唱〈小城故事〉。

吳榮根（右）與陳曉萍播音員見面。

反共義士范園焱（左三）與央廣同仁合照。

陳曉萍退休後，有一次接待從國外來台灣開會的中國學者，談起收聽廣播的經驗，沒想到對方說，當年十幾歲時被下放農村，唯一的安慰就是與四個同學好友用短波收音機偷聽《鄧麗君時間》。

☆ 消逝的過去

從今天的角度看來，冷戰高峰時期的心戰故事，似乎帶著點不可思議。

曾任職於編審組與聽眾服務組的劉瑋瑩回憶起那段歷史，還記得當年曾經親眼看到從中國寄來的信，使用了他們在廣播中教給聽眾的「密寫」方法：當他們在信紙背後噴上碘酒之後，空白的信紙上才浮現咖啡色字跡，寫著想要加入反共行列。

一九八七年解嚴時，央廣收到了上級指示，將那些在冷戰時期，由中國寄到央廣的聽眾來信悉數燒掉。當時的有關單位，無法預測解嚴後的情勢會如何發展，認為那些有中國民眾真實姓名、甚至「密寫」著心向台灣訊息的信件萬一流出，將會造成不幸。因此劉瑋瑩和聽眾信箱小組的同仁，花了三天三夜的時間，將原本收藏在一長排鐵櫃中的聽眾來信，拿到電台的後花園燒毀。

其實，在一九九八年央廣改制為財團法人的前夕，也有許多資料由軍方連夜銷毀，其中包含許多盤帶。因此，許多曾經發生在那個時代的重要往事，便隨著空中傳出的聲音一同消逝了。

凝聚華僑的「祖國」廣播

國民政府遷台後，心戰宣傳除了對中國，也以東南亞為核心。因東南亞各國為海外華人最主要分布地，當地僑民因此成為國、共兩方拉攏的對象，也是廣播角力的重點地區。

一九五〇年代起，中廣對東南亞的播音即包含華、台、粵、客、潮州語以及印尼、泰、越語等；一九七九年成立的「亞洲之聲」更將東南亞列為主要目標，其廣播範圍分為西區的香港、越南、馬來西亞、新加坡、泰國，與東區的菲律賓、印尼，以「代表亞洲人發聲」為任務，報導台灣和亞洲各國的新聞及社會動態，八〇年代後逐漸加強軟性娛樂節目。

而「華僑」不僅為央廣聽眾、也是主持人組成的一大部分。除了前文所述的印、泰、越語主持人，外語部經理黃佳山為印尼華僑，前副總臺長孫文魁、韓語節目的白兆美為韓國華僑，粵語節目的沙文芳、劉螢則來自澳門。

回看歷史，華人在不同時代陸續移居到海外各地。十九世紀以來，有從中國沿海前往南洋、從山東遷徙到朝鮮半島，或赴往更遠的美、澳、非洲等地的移民；二十世紀後，戰爭再度掀起移動浪潮，包括國共內戰後，為逃離共產黨而從中國湧入港澳和東南亞的人民、遺留泰緬邊境的國軍，以及越戰後從越南和高棉（今柬埔寨）出逃、再次流離的僑民等。

他們在各地形成華僑社群，雖然其中絕大多數人的原鄉是中國，但在國共對峙的年代，「中華民國」反而成為他們心目中文化與情感認同的「祖國」。不論是在冷戰局勢中，與中華民國作為反共同盟的南韓華僑，或越南淪陷後逃往東南亞以及受中華民國政府接濟來台的難僑，都可說是在反共的陣線上，與台灣建立起連結。

在這背景下，身為國家電台的央廣扮演了重要角色，以廣播作為民間外交，透過節目深入民間，維繫「僑」心。

央廣聽友中有不少便是因戰亂逃往海外，開始收聽央廣節目的僑民。如粵語前導播沙文芳表示，有位資深粵語聽友為國民政府來台後，從中國到香港避難的難民之一，被當時港府安置在調景嶺，「他的成長年代跟著父母聽中廣的粵語節目，支持中華民國的反共立場，直到後來他移民美國，對中華民國和央廣都有很深的情懷。」

另一位老聽友從高棉逃難到澳門，由於高棉過去受共黨極權統治的歷史，他的反共立場鮮明，來信時常痛罵共產黨，對台灣則態度友好。

粵語聽眾尤以出身中國廣東的越南華僑為大宗，沙文芳描述，他們在越戰後大批乘船逃難，有許多在海上流離失所、輾轉獲各國收容的「船民」，「有個聽友來信說，他們不論在哪，都隨身帶著短波收音機，透過我們的『聽眾交流』節目點歌、傳話，跟家人報平安。」

前客語主持人、華語節目部經理袁碧雯，則收過來自比東島難民營的客語聽眾來信，他也是越戰後流亡的越南船民，一九七五年南越淪陷，有大批越南難民從海路逃難，進入馬來西亞國境，被馬來西亞政府收容在丁加奴州（今登嘉樓州）外海的比東島（Pulau Bidon），「在逃難的日子裡，短波廣播是他們少數能聽到的外界聲音，他還用客語發音稱『比東島』為『悲痛島』，跟我分享感傷的難民生活。」令她百感交集。之後，她將這封感傷的比東島信件刊登在電台的《自由中國》刊物。

信件刊出後，袁碧雯收到來自加拿大一位資深聽眾的來信，表示看了比東島聽友的信很難過，因為他的孩子也曾待過比東島，幸而後來全家能夠在加拿大團聚。他告訴袁碧雯，如果有比東島的難民需要幫助，他可以擔任保證人幫助聽友移民。雖然之後的發展，袁碧雯沒有再繼續追蹤，但從媒體上得知，比東島在一九九一年關閉，關閉時島上難民還有一萬二千多人，分別被分配到越南、法國、美國等國家。

在這特殊的時代背景下，央廣的節目撫慰了華僑聽友離散海外的鄉愁，他們也因而與主持人們培養出長年的情感。

第四章

以短波連接地球各個角落

是誰在聽著從台灣發出的電波？

廣播的無遠弗屆，使得世界各地各個角落都有收聽著央廣節目的人們。他們當中有些人勤於寫信、寫收聽報告至央廣，讓主持人知道自己的聲音在哪裡被聽見了、播音品質如何等等。一九九〇年代以後，央廣也常常藉由到海外舉辦聽友會，與這些台灣的海外友人親見相聚。

☆ 短波迷的天空

對一般人來說，抬頭看見的天空是日光和雲雨，但對短波迷來說，天空是由密密麻麻的無線電所交織而成的，這些穿梭天際的電波，跨越國界，串起訊息與交流，也把人帶往了無窮的宇宙。

在八十六歲的資深短波迷呂澄男身上，除了見證「短波無國界」，更可見他如何追著電波，突破時代的禁忌。

呂澄男出生於日治時代，父親有收聽國際廣播的習慣，因此他從小耳濡目染，尤其喜愛從那個神祕黑盒子所傳出的英文流行樂。在他成長的戰後初期，短波廣播是少數能在禁閉環境中捎來外界聲音的媒介，而他就在無意中，打開了這扇

資深短波迷呂澄男。

通往世界的窗口。

成年後，在鐵路局工作的呂澄男最大興趣就是研究短波通訊、收聽各國廣播。他猶記一九六四年東京奧運，日本NHK電台在台灣報紙刊登廣告，以郵票獎品吸引民眾收聽，他從此成為NHK忠實聽友。後來他的收聽範圍逐漸擴及到亞、歐洲各電台的中、英文廣播。每天晚餐時間後，或值班後的休假日凌晨，他就會拿著收音機轉啊轉，從黑暗的天空搜索遠方傳來的聲息。

他描述，早年聽國際廣播「是一件奢侈的事」，因無線電相關器材稀少昂貴，且受層層管制，販售的廠商需領有特許執照，民眾購買收音機也需向交通部電信局申請執照，上面載明所有人姓名、地址和機器的廠牌型號，執照上還印有一行小字「不得收聽匪俄

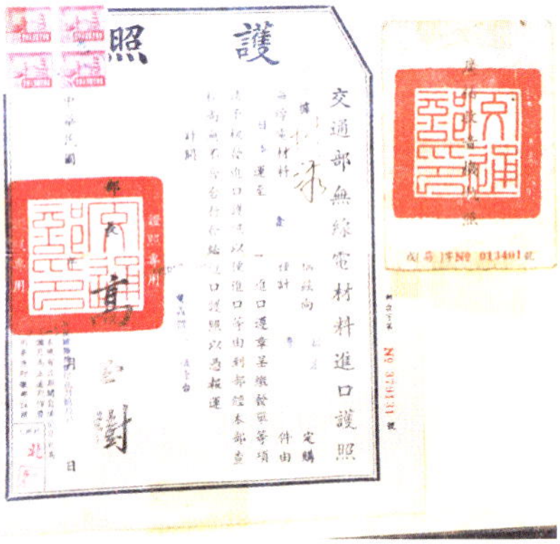

呂澄男所收藏的廣播收音機執照及進口材料護照。

廣播」，機器若維修要憑證登記，報廢則得向警備總部申報。

他的人生第一台收音機，是一九七三年、他三十多歲時買的德國歌蘭蒂（Grundig）電晶體收音機，售價高昂將近兩萬元，是他在鐵路局工作月薪的好幾倍，因此他還特地透過當時流行的金錢調度方法——「標會」才買到。

當時收聽無線電仍充滿禁忌色彩，常傳聞有人因而被警總請去「泡茶」。呂澄男雖沒有這樣的經驗，但他熱衷收聽ＮＨＫ節目、投稿回應節目中的贈獎單元，卻發現電台寄給他的禮品常被海關扣留，外事科警察還因此上門盤查。在警總工作的鄰居好意提醒他小心，原本他和幾位短波迷同好想在台成立ＮＨＫ聽友俱樂部，也經人舉報而不了了之。

在氣氛森嚴的年代，他沒真的因收聽廣播惹禍上身，卻差點被「天打雷劈」。當時他為了增強接收靈敏度、讓收訊更清晰，從家用收音機外接自製的銅絲天線，掛在院子外的椰子樹上，結果某天大雷雨，轟的一聲爆雷，天線遭雷擊引發觸電，家裡電器全被燒壞，所有玻璃瞬間震裂，幸好太太抱著兩個幼子及時往外衝，才倖免於這場無線電之災。

隨著時代開放，遮蔽天空的重重禁制也逐漸淡去，一九八〇年代起交通部首度辦理業餘無線電人員考試，他因當兵時擔任海軍報務員，學過無線電收發報等相關技術，便報考取得執照，成為合格的業餘無線電人員，即俗稱的「火腿族」（Ham）[16]。

從青春到年老，呂澄男收聽短波廣播超過一甲子歲月，這讓他不論何時、身在何處，耳朵都是自由的。他曾比喻短波迷就像天文玩家，「每晚依偎在收音機旁，希冀從蒼穹電波中捕捉屬意的電台。」而今數位顯示收音機普及，搜尋電台的速度更快，但隨之而來的混訊干擾也打擊許多人的收聽意願，更需耐心和毅力。

他感性地說，聽短波對他而言是一種「在黑暗太空中摸索」的樂趣，「除了考驗耳朵的靈敏，充滿挑戰性，也讓我擁有更廣闊的世界觀，隨時幫腦波充電。」他至今持續收聽全世界四、五十個廣播電台，從俄羅斯到利比亞，從斯洛伐克到科威特，甚至是座落在浩瀚大西洋上小島的聖赫勒拿電台（Radio St. Helena）等，

16. 無線電通訊中或有低頻的雜音，英文以「HAM」表示這種聲音，延伸以「HAM radio」指稱業餘無線電，中文直譯為「火腿」。

感受與世界緊密的連結。例如有一年聖誕節，他收聽到德國之聲電台向航行在七大洋上的德國商船祝賀聖誕的特別節目，在台灣小島上，他與汪洋上的船員們彷彿共享了節慶歡樂。

他熟背許多電台的台呼音樂，勤寫收聽報告——這是一個通行於世界各地，廣播電台與聽友之間歷史悠久的傳統。由於廣播能傳送抵達的地方、收聽的清晰度，並沒有明顯的界線，因此廣播電台很歡迎世界各地聽友在聽到節目後，寄來收聽報告（包括收聽到的時間、訊號、內容和心得等），這樣一來，聽友就像是電台在各地的試聽員，能讓電台知道訊號的情況、聽友收聽的感想。電台收到後，會回寄「QSL卡」（收聽證明卡）給聽友，作為確認憑證。各個電台的QSL卡都有其獨特的設計，央廣也不例外。許多短波迷以蒐集來自世界各國的QSL卡

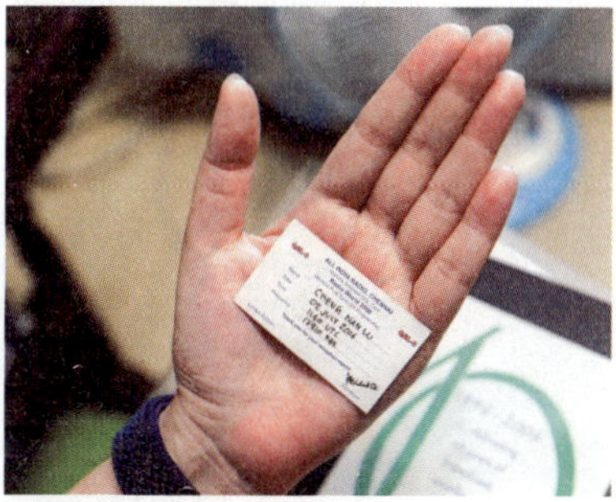

世界最小尺寸的 QSL 卡。

為樂，甚至會按月蒐集。呂先生就是這樣一名資深的短波迷，他蒐集的世界各電台QSL卡貼滿了好幾大冊，家中牆壁上掛著各種與電台有關的照片和紀念品。他和日本、土耳其、德國、泰國等各電台主持人通信結為朋友，為了拜訪電台而旅行過泰國、越南、日本等地，許多電台的中文節目主持人來台，也都會與他相約同聚。

☆那些在世界各地聆聽台灣的人們

呂澄男透過廣播和全世界交朋友，就像其他國家的短波迷，也透過央廣和台灣培養出綿長的情誼。即使相隔遙遠，他們卻是與央廣感情最深的聽友，長年來，透過一封封來信與詳盡填寫的收聽報告，他們的面目是如此清晰動人。

例如遠在半世紀前，印尼加里曼丹廣闊的棕櫚林裡，有個男孩魯迪（Rudy Hartono）便深深著迷於廣播，雖然家貧買不起收音機，他仍每天殷殷切切地跑到隔壁鄰居家「借聽」，當年他收聽的電台，便包括央廣（時為中廣海外部）。

他尤其喜愛央廣印尼語主持人陳淑文的讀書節目《瑪麗亞週記》及《瑪麗亞廚房》，並從一九九〇年代起，開始和她與其他主持人通信來往，至今長達三十多年，他也從一介貧困青年，成長為事業有成的企業家，如今已兒孫滿堂。他受到節目的鼓舞提筆寫作、成為作家，近年出版《*My Radio, My Life*》一書，描述他與央廣和各國際電台的情緣。

一九九四年央廣首度在印尼日惹（Kota Yogyakarta）舉辦聽友會，他趕往參加，卻在加里曼丹港口遇到船隻臨時停駛，錯失機會；二〇一七年央廣印尼語開播六十周年紀念，他和聽友組團來台，終於和央廣印尼語主持人、也是長年的「筆友」們相見。

印尼聽友 Rudy Hartono 與他的著作《*My Radio, My Life*》。

而在法國一座靜謐的修道院裡，修女安娜·法蘭索瓦絲（Anne-Françoise）每晚在忙碌的一天後，最期待的就是拿出她的短波收音機，收聽央廣的法語節目。或許是與外界相對隔絕，日復一日的聆聽，台灣這個她從未到過的小島，卻成為心靈最熟悉的故鄉，她曾對其他修女分享：「台灣是我的第二個家。」她與央廣的情緣一直持續到年邁過世，但這句她在來信裡寫過的話，永遠常駐主持人的心中。

法國修女安娜·法蘭索瓦絲每晚收聽央廣節目。

朝向地球的北方，在氣候寒冷的俄羅斯下諾夫哥羅德市（Nizhny Novgorod，位在莫斯科東邊），有位聾盲聽友、同時也是為身障者爭取權益的律師迪米特利（Dmitry）。迪米特利沒有被障礙限制人生，靠著助聽器收聽廣播，成為央廣的粉絲，更因俄語主持人瑪莎的《懷念老歌》節目，而愛上了鄧麗君的歌。

瑪莎回憶，她二十多年前剛入行時，負責的第一個節目就是《懷念老歌》，當時她常埋首在央廣四樓的音樂資料室裡，一邊挑選唱片，一邊摸索著她也不熟悉的台灣老歌。長此以往，瑪莎自己也對台灣老歌聽出了興味。但讓她感到不可思議的是，即使她播放的是華語、台語歌曲，也能在遙遠的俄羅斯找到知音，其中，迪米特利便時常來信分享他聽歌的心得。這也成了她日後製作音樂節目時，心中的惦記。

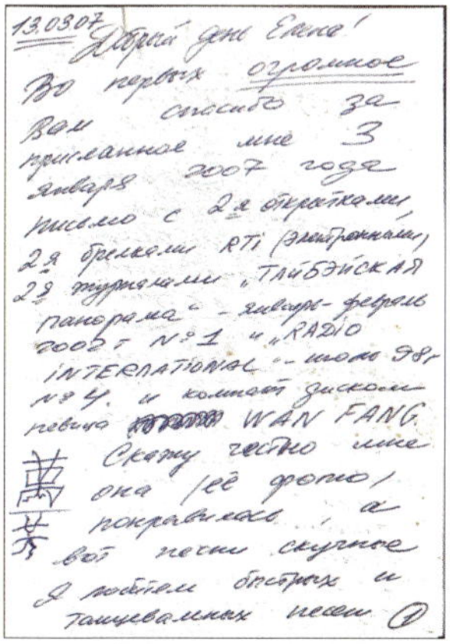
13.03.07
Добрый день Елена!
Во первых огромное
Вам спасибо за
присланное мне 3
января 2007 года
письмо с 2я открытками,
2я брелками RTI (электронными),
2я журналами „ТАЙБЭЙСКАЯ
панорама" - январь-февраль
2007 г № 1 и „RADIO
INTERNATIONAL" - июнь 98 г
№ 4, и компакт диском
певицы WAN FANG
萬芳
Скажу честно мне
она /её фото/
понравилась, а
вот песни скучные
Я люблю быстрых и
танцевальных песен

喜歡台灣流行歌曲的俄羅斯聽友來信。

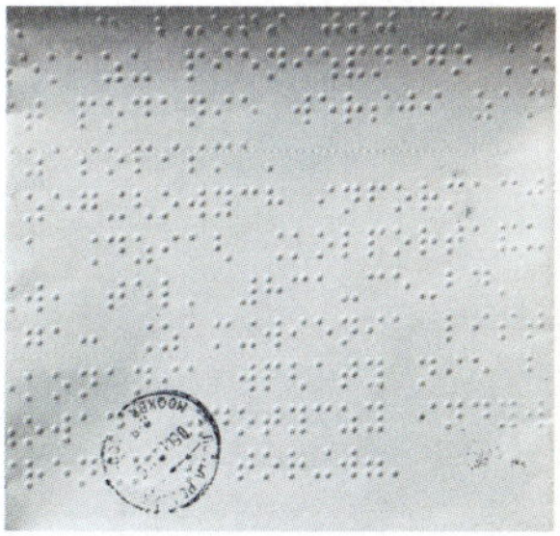

俄羅斯視障聽友寄來的點字信件。

俄羅斯聽友會，聽友遠赴千里到場支持。

又或是在世界另一端的拉丁美洲，二十年前的墨西哥，有個小女孩因居住地區公共電力供應不穩，天黑之後往往會斷電，她和家人便會在黑暗的夜裡，點亮蠟燭，圍著客廳裡的收音機而坐，一邊收聽各國電台的節目，一邊轉動地球儀尋找電波的來源。因為廣播，出身偏鄉的她通曉國際新聞脈動，當然也因央廣而認識了台灣，還發現自家後院一棵不知名的果樹，結出的果實神似主持人形容的水果「龍眼」。二〇〇四年，女孩和家人一起現身在央廣的墨西哥聽友會，娓娓道來這段故事，還親手帶來後院果實的照片，果然就是龍眼。這位小女孩在學校的成績非常優異，雖然家庭的物質條件並不優渥，黑暗中的廣播節目卻打開了她對世界的想像，帶給她許多知識。

這就是國際廣播的魅力——麥克風這端的主持人永遠不會確切地知道，漆黑之中，有多少雙耳朵正在聆聽，他們是誰，在哪裡收聽，他們的人生，因為這來自遠方的播音而有了不同。

☆老派收聽之必要

許多老一輩的短波迷，收聽資歷長達大半輩子，他們熱衷於捕捉天際間的電波，並為了增強收訊而鑽研器材設備，甚至分享自己如何爬到屋頂上收聽的情景。即便有了網路，他們仍會先聽一次收音機，再上網「補聽」一次，為的就是短波那無可取代的聆聽感受。

因為距離遙遠，央廣目前是透過國外合作電台播出西語、法語及德語節目，以服務中南美洲、非洲及歐洲地區聽友。但在每年收訊情況較佳的夏季，央廣都會舉辦「直播」活動[17]，從淡水分臺直接以短波對歐洲播音，七、八月分別播出德語、法語節目，在國際短波同好圈引起熱烈回響。

二〇二四年七月的德語直播，每週三天、每天分別在兩個頻率播出各半個小時，共計十二天的直播後，總共收到來自三十五個國家、多達一千零六十五封收聽報告。收聽到的地點遍布澳洲、亞洲等歐洲以外地區，其中一位來自德勒斯登

*17. 因為夏季是太陽黑子最活躍，也是電離程度較大的時候，最適合短波通訊。二〇二四年的太陽黑子因大噴發，被形容是二十二年來最強的磁爆。

的聽友來信寫道，自己只用了一個小小收音機加上五十公分長的天線桿，便可以輕鬆愉快地坐在房間沙發上，收聽來自台灣的聲音；有聽友甚至在印尼的小島聽見播音，興奮來信笑稱「地球是圓的」。電波繞著地球彈射的範圍，遠超過我們的想像，就像這些短波迷所回報給電台的驚喜，也遠遠超乎預期。

☆ 千里來相見的世界聽友會

透過廣播，千里之外的聽眾不論是否到過台灣，都和這座島嶼有了深深的連結，他們或對台灣的一切如數家珍，或與主持人熟識宛如好友。

在過去的年代，聽眾聽廣播，感覺主持人就像對著自己一人說話，有種特殊的親密感；寫信到電台，也彷彿對著樹洞告白，反而能道出難以告訴身邊人的心事。當有機會「見到」熟悉的聲音，和從收音機走出來的主持人面對面，更是難以想像的驚喜了。

央廣擁有遍布世界的聽友會，這些組織多由當地的聽友同好組成。例如歷史悠久的日本聽友會「玉山會」與德國聽友俱樂部等等。

一九九〇年代起，央廣主持人開始跨出國門，遠赴各地舉辦聽友見面會。這些聽友會，有十幾個人的小聚會，也有規模盛大、轟動如演唱會般的大場面。這些海外聽友會以及主持人與聽友間的熱絡互動，放眼全世界其他廣播電台都相當少見，可說是央廣獨有的傳統。

☆東南亞語言聽友會

央廣深耕印尼聽友數十年，近年在爪哇的瑪琅（Malang）、加里曼丹的坤甸（Pontianak）舉辦聽友會時，都創下近三百人參加的紀錄。有些資深聽眾從年輕時開始收聽，到現在已白髮斑斑。會後還有熱心聽友開車載主持人上路繞行，一邊開著收音機實測央廣節目的收訊效果。

在台灣收聽央廣印、泰、越語節目的聽眾，也同樣非常熱情。相較於國際聽友距離遙遠，他們因地利之便，更常送禮物、送食物，對主持人噓寒問暖，還曾有聽友「直送」一鍋熱騰騰剛煮好的雞湯到電台，相當暖心。

在台灣舉辦的聽友會，常配合聽友的家鄉節日。例如泰語聽友會結合潑水節、印尼語聽友會結合開齋節與卡蒂尼節活動，都有廣大號召力。二〇二三年四月在台北車站大廳舉辦的印尼聽友會，更人潮爆滿多達六千人。

聽友們除了爭相與主持人互動聊天，也擔綱聽友會上的歌唱、走秀演出，這些在台工作的移工，趁休假日拋卻平時的勞務，和朋友相約盛裝出席，與喜愛的「偶像」主持人一起熱歌勁舞。在這短暫的片刻，他們不是看護、不是工人，澈底做回了自己。

二〇二三年於台北車站大廳舉辦的印尼聽友會。

在台印尼朋友著華麗傳統服飾走秀，慶祝印尼婦女節。

☆地球另一端的西班牙語聽友們

除了東南亞聽友，西語聽友也展現屬於拉丁美洲的熱情。早年他們會千里迢迢寄手寫信到台灣，現在則透過手機通訊軟體即時問候主持人們。

央廣在二〇一九年首度到阿根廷的布宜諾斯艾利斯（Buenos Aires）與羅薩里奧（Rosario）兩地舉辦聽友會，本身是阿根廷華僑的西語召集人王慧媛笑稱，自己回到了「家鄉」，彷彿化身偶像明星，受到粉絲們的簇擁，聽友們聊到超過預定結束的時間，仍不捨離去。不但有人遠從阿根廷各省趕來，甚至還有專程從烏拉圭來參加的聽眾，也有聽友在飯店大廳守候，想跟她多聊幾句，讓她受寵若驚。

是什麼樣的魅力，讓人們感到未曾謀面、只在收音機中聽過聲音的主持人，就像是自己的朋友？這些聽友會的盛況，其實源自於主持人和聽眾綿密的互動。早年網路通訊不發達時，許多外語主持人常在電台留到深夜，以接聽各國聽友因時差而在晚上打來的電話；每個語系的節目都有專門處理信件的人員，主持人也一一用心回覆。

西語主持人洪時晴表示，他們會努力記得每位聽友分享過的事，「我們幾乎背下所有聯繫過的聽友姓名和來歷，就像朋友一樣親近。」聽友也會偷偷打聽、熟記主持人的生日，在生日當天傳來錄音高唱中文生日歌，讓他們備感窩心。

有個特別熱情的古巴聽眾，從女兒還在太太肚子裡時，就給孩子「胎教」聽央廣。從妻子懷孕、女兒出生，到現在已經六歲，央廣不間斷地收到他的來信，分享女兒的成長。有一天，洪時晴在電台接到這位聽友恭賀新年的電話。雖然從未謀面，她卻感覺熟悉又驚喜，彷彿與遠方親友重逢般開心。

央廣於阿根廷首都布宜諾斯艾利斯及羅薩里奧舉辦聽友會，有近百人參與。

平時，也常有各國聽友在來台旅遊時，直奔電台和主持人見面。央廣主持人充當接待、導遊是家常便飯，他們和素未謀面的聽友總是毫無隔閡，因為長年通信，彼此熟絡，雖然是初次見面，卻猶如久別重逢。

王慧媛最難忘的是有次臨時的「驚喜」，那天她在上班途中接到公司急電，通知有外國聽友在大廳等候，原來是熟識的西班牙聽友帶著妻女全家，突然出現在電台。

那次相聚讓王慧媛留下深刻的回憶。沒想到幾年後，這家的小女兒決定來台念大學，並在求學期間進入央廣擔任西語節目特約人員。從聽眾變同事，父女兩代和央廣牽起了更深的緣分。

由於與聽眾互動熱絡，二〇二〇年起，央廣每年獲選為「全球最受歡迎國際廣播電台」，這是由「無國界短波俱樂部」（Club de Diexistas Sin

西語聽友一家人（圖左五位）至央廣拜會西語主持人。

Fronteras）舉辦、全球十五個西語國家聽友票選的結果，擊敗NHK、韓國廣播公司（KBS）、美國之音等勁敵；央廣西語節目《郵局不打烊》也自二〇二〇年起，蟬聯四年「全球最受歡迎聽眾來信節目」第一名。

☆歐洲語系聽眾的共鳴

許多國家的聽友對台灣的外交處境深有所感，包括德語、俄語、日語聽友都曾來信支持台灣加入世界衛生組織（WHO）。不論哪一種語言的節目，回答聽眾信件的「聽眾信箱」都是最受歡迎的。在歐語系國家之中，德語聽友來信的數量居冠，但聽眾信件行文透露的性格相對「冷靜」。

德語主持人邱璧輝在一九九九年第一次到德國

一九九九年央廣首次赴德國舉辦聽友會。

科隆與聽友聚會，之後幾乎每年都會到德國的柏林、奧德瑙（Ottenau），或奧地利的維也納等地辦聽友會。她笑說，德語聽友會簡直有如「研討會」——他們會安排討論許多平常來信感興趣的議題，包括台灣民主發展、能源政策、原民議題、健保制度等。因此主持人出席德語聽友會，得做足功課。

德語主持人唐依華補充，德語聽友的組成很多元，從教授、侍酒師到麵包師傅、火車司機都有，「不論什麼背景，他們都很健談。曾有德語聽友來央廣拜訪，一坐下就聊了兩個鐘頭。」例如她曾在節目介紹台灣原住民，之後聽友來信追問關於原住民的抗爭運動；提到環保，他們會好奇台灣如何回收塑膠垃圾以及對核能的態度等。

他們雖然情感表達內斂，但對央廣一樣深情，包括有聽友從隻身來台，到婚後帶著太太、幾年後又帶著兒女全家來訪。唐依華說：「不論是來信或來訪，這樣的回饋對我們來說都很重要，讓我覺得自己的工作是很有意義的。」

邱璧輝認為，德國在上世紀歷經兩次戰爭的失敗，之後從廢墟中重建的慘痛經驗，讓他們培養出深刻的反思性格，特別關注政治、人權等議題。東德曾處極權體制之下，人民依賴短波廣播來獲知鐵幕外的資訊，所以許多聽眾遠從一九八〇年代就收聽央廣至今，黏著度很高，也因為和我們一樣經歷過從獨裁到自由，央廣的德語聽友特別能同理台灣受中國打壓的處境。

法語主持人透過節目與來信和聽友互動，累積了不少忠實「鐵粉」，他們對各主持人的喜好、生活，甚至家庭成員都瞭若指掌，逢年過節總不忘捎來祝福。

王心瑛和華澤晏分享，有些資深聽友記得所有主持人的孩子姓名，會千里迢迢寄來塗鴉本等小禮物；還有許多聽友寄送自己的手工創作，例如版畫、十字繡作品等，或分享自己在家門口掛上台灣國旗的照片，表達對台灣的支持。

最有趣的是，曾有法國小學老師來信說，她在課堂上介紹台灣，並募集了小朋友對台灣好奇的問題。這些孩子們以歪歪扭扭的字跡詢問：「請問台灣人怎麼用筷子？」「台灣的房子大嗎？」「有沒有真正的龍？」童言童語讓主持人們開心又驚喜，認真回覆之餘，還錄製使用筷子的影片為法國孩子解惑。

☆ 玉山會四十年

玉山會成立的因緣，最初是早年中廣海外部「自由中國之聲」的日語主持人稻川英雄，每年回日本時常有節目粉絲主動邀請聚會，後來在一九八一年，因日語節目的卓菁湖編導赴日本出差，便與稻川英雄順勢在東京舉行第一次聽友會。當天來了許多年輕學生，這場聽友會可說是央廣日語節目聽友會的濫觴。其後大阪聽友們也在一九八二年聚會，且正式宣布成立聽友組織，用台灣第一高峰為名，命名為「玉山會」。今日「玉山會」已成為不分東京、大阪與關東、關西的全日本規模聽友會。

二〇二二年，「玉山會創會四十周年」活動在疫

二〇一五年東京聽友會的大合照。

情中舉辦。雖然這時候無法真的見面，但聽友們還是在視訊會議中熱情相聚。央廣與時任日語節目召集人王淑卿也收到了感謝狀及手寫的祝福卡片。

玉山會從四十年前由日本聽友自主組織，至今已形成傳統，也有穩固的組織力，不但定期召開會議，還會將會議紀錄寄給央廣參考。平時玉山會透過臉書群組聯繫、交換資訊，不定期發送與短波廣播有關的資訊，且十分關注央廣和其他短波廣播的發展情形。

玉山會也協助在日本的台灣留學生。大阪聽友會前會長河上聖德先生是大阪聽友會創會會員，長年致力台日交流，照顧台灣留日學生不遺餘力。曾有一位來自台灣、定居日本的聽友在聽友會上分享，她留學期間受到河上前會長照顧，畢業後跟日本人結婚，在東京事業有成，為了感念河上前會長的照顧，特別從東京趕到大阪參加聽友會。

二〇二四年大阪聽友會，聽友展示歷年收藏央廣寄送的禮物。

更有許多聽友是因為收聽央廣節目，激發自己對台日事務的興趣。二〇一九年的九州聽友會上，山本綾香小姐講到自己第一次參加九州聽友會時，還是個高中生，當時是媽媽帶著她跟弟弟遠從佐賀縣搭巴士到福岡參加聚會。十年過去，她已大學畢業，因為從小聽央廣節目而勤學中文，出社會後從事代理台灣商品的電子商務，至今央廣日語節目仍是她獲取台灣資訊的最佳管道。

前日語節目召集人王淑卿與聽友會成員的關係就像親人。東京聽友會會長谷內高志在母親罹患癌症後，帶著她到台灣散心。那是老人家第一次來台灣，王淑卿熱情接待，陪伴著他們經雪山隧道前往宜蘭一日遊，再到石門水庫附近吃客家菜。大阪聽友會的副會長今井薰是一九九八年以後的央廣聽友，幾十年前第一次來台灣，王淑卿知道他此行要去看八田與一建造的烏山頭水庫，在聚餐後逛夜市時特別買件外套送他，後來他說幸好有那件外套，他才沒有在烏山頭受寒。王淑卿也曾陪伴大阪聽友會的會長與副會長到嘉義民雄的國家廣播文物館參觀，那座興建於日治時代的廣播電台，也是台灣廣播史的一部分。

王淑卿會如此用心款待日本聽友，是因為她自己也經常感受日本聽友的盛情。她第一次到日本，就是一九八〇年代央廣到日本舉辦聽友會時，當年日本聽友為了歡迎她，帶她去箱根賞紫藤花、繡球花，為她安排了很多行程。日本聽友熱情接待的那份感動，一直銘刻在她心裡，讓她覺得必須回饋。因此四十年來，她總是想讓日本聽友來台灣時能有同樣的感動，如同自己當年去日本受到的款待。

因為有日本聽友，才有日語節目。每次在日本召開聽友會，王淑卿開場一定先謝謝聽友們長年收聽日語節目、對日語節目的照顧，接著謝謝同仁組員跟她一起奔波，為聽友提供最好的服務。她在退休後，仍繼續留在央廣協助培訓廣播人才，也依舊盛情接待每位遠道從日本而來的聽友。

☆孟加拉的短波迷

有一年耶誕節，當台北街頭已經妝點著許多璀璨燈飾，到處充滿濃厚的節日氣氛之時，有一封從孟加拉寄出的信抵達央廣，信上的日期是六月二十七日。一封來自夏日孟加拉的信，足足花了半年才抵達央廣。

親愛的 Rti 朋友們，我是自一九八〇年代就收聽你們節目的短波聽友，每日都很享受你們的節目。我喜歡台灣和台灣所有的人，我想造訪你們美麗的城市——台北，喜歡你們寄來的華語教學書籍，更喜歡你們的廣播服務。我的英文不好，但還是能享受你們的英語節目。請寄給我新的節目表以及貼紙等小物，祝你們所有人健康，希望能很快收到你們的回信。

你們的一九八〇老朋友

這位孟加拉聽友從一九八〇年代就收聽央廣，持續半世紀。在網路的時代，他仍然用手寫信寄來問候，表達對台灣的喜愛。在夏天寄出的一封信，意外成為那年台北冷冬裡的一股暖意。他「畫」出一字字中文，還附上幾幅繽紛的畫作，一幅是台灣的玉山和雲海，一幅是孟加拉達卡大學的烈士紀念碑——在國際母語日，紀念碑所在地的達卡烈塔廣場上布滿了橘紅色的花圈。

這座烈士紀念碑，紀念的是一九五二年在孟加拉語保護運動示威中，遭到鎮壓而遇難的五位大學生。達卡醫學院的學生們無懼政府宵禁令，建起這座「犧牲者之碑」，以紀念史上第一次用個人生命保護母語的運動。

一九七一年孟加拉國獨立戰爭期間，這座紀念碑被巴基斯坦軍隊拆除。次年，孟加拉脫離巴基斯坦，成為一

孟加拉聽友手繪的烈士紀念碑畫作。

個獨立的憲政共和國。隔年孟加拉政府重建了這座烈士紀念碑，以紀念孟加拉語保護運動，凝聚孟加拉人的認同意識，並啟發孟加拉在語言、文學和文化上的發展。一九九九年，聯合國教科文組織將二月二十一日訂為「國際母語日」，提醒人們，孟加拉青年為保護自己的母語而犧牲，呼籲守護世界上每種語言。

獨立後的孟加拉，經歷大饑荒、軍政府叛變、議會民主、暴雨洪水天災的種種考驗，孟加拉的「民主」，就像達卡烈塔廣場上的烈士紀念碑，不斷經歷摧毀、重建、拆毀、重建。在孟加拉長達半世紀的曲折民主之路上，這位孟加拉聽友，持續不斷地收聽央廣的節目。

我們或許以為，南亞大陸人們與台灣關聯不深，這位孟加拉短波迷應該是個特例？其實，南亞有相當多的 DX Club（短波俱樂部），平日央廣就會收到這些短波聽友的來信，有些是他們的測聽報告，或讚美節目內容，索取紀念品小禮物、節目資訊等等。信件的來源從孟加拉、巴基斯坦、到印度都有。因此央廣一直都知道，在南亞有著一群忠實聽眾。

二〇〇六年，大英國協廣播電視組織聯盟（CBA）年會在印度德里召開，林峯正董事長指派時任歐美語言組長黃佳山負責籌辦南亞聽友會。這是央廣第一次嘗試到南亞舉辦聽友會，該在哪裡舉辦呢？有聽友便推薦可以到孟加拉有「短波城」之稱的拉傑沙希市（Rajshahi），那裡雖然不是首都，是孟加拉的第四大城市，但收聽短波在當地特別盛行，幾乎家家戶戶、人手一台短波收音機。不過最後央廣選擇在印度首都新德里（New Delhi）、加爾各答（Kolkata）以及孟加拉的首都達卡（Dhaka）三地，共舉行三場聽友會。

孟加拉短波迷之間的聯繫和傳播力道令人驚訝。央廣要到孟加拉舉辦聽友會的消息，很快在達卡聽友間傳開，DX Club 會員彼此透過短波呼叫傳遞訊息，兩三天內央廣就收到超過一百五十人報名參加聽友會。但也因為有聽友主動將訊息登載在網際網路入口網站雅虎（Yahoo!）上，使得中國在達卡的使館注意到這個消息，向孟加拉政府施壓。出發前幾天，黃佳山接到台灣駐孟加拉代表處的聯繫，表示孟加拉政府希望央廣取消聽友會，否則有可能遭到逮捕。

然而，因著孟加拉的聽友如此熱情回應，央廣決定還是要與他們建立連結。黃佳山幾經轉機，搭乘孟加拉航空飛抵達卡。抵達當地後，他們沒有按最初的計畫召開一、二百人的公開大會，而是改為在住宿飯店與六、七位具代表性的聽友會面，其中也包括 DX Club 的重量級幹部。

這場聽友會是央廣首次、也是唯一一次在孟加拉舉辦的實體見面會。孟加拉政府始終沒有承認台灣，二〇〇九年中華民國駐孟加拉的代表處裁撤，央廣也沒有機會再去孟加拉舉辦聽友會。然而，二〇〇六年那次接觸後所建立的央廣孟加拉俱樂部，以及與達卡 DX Club 重量級人物建立的聯繫網絡，至今仍持續透過 email、網路社群維繫著，互相交流雙方的資訊。

☆ 印度的聽友會

印度的情況和孟加拉有所不同。二〇〇六年，黃佳山在籌備印度聽友會時，向央廣聽眾服務組調閱曾寫信到電台的印度聽友資料，沒想到有聯繫的只有十幾位，而且四散在印度的北部、南部。

由於央廣每年在各地都有測聽員撰寫收聽報告，於是他便聯絡在新德里的測聽員，透過他們協助聯繫聽友，宣傳聽友會訊息。當央廣一行人飛抵新德里，走進會場聽到熱鬧的交談聲，看到有十幾位聽友出席，而且都是當地重要關鍵人士，黃佳山心中高懸好幾天的大石終於卸下。

這是央廣第一次跟印度聽友見面，大家聊得很開心，成立 Rti 聽友俱樂部，分別選出查克拉博蒂（Swopan Chokroborty）及古普塔（Alokesh Gupta）擔任會長，他們都是精通通訊科技的知識菁英。之後，央廣二〇〇八年又在印度的新德里、加爾各答召開聽友會。

因為有二〇〇六年在孟加拉遭受中國阻撓的經驗，二〇〇八年央廣的南亞聽友會鎖定在印度舉行，忍痛割捨擁有不少聽友的孟加拉以及與台灣關係不佳的巴基斯坦。央廣英語節目主持人在策劃行程時，增加印度東南部的清奈（Chennai），以便與住在南部大城的聽友交流。

二〇〇八年加爾各答聽友會令黃佳山印象深刻。聽友報名相當踴躍，原先預計參加人數可達三百人，但因為擔心經費不足，加上無法租到更大的場地，最後限制一百五十人參加。英語節目的同事還特別研究，怎樣能夠最快速有效地將門票寄到印度聽友手上，讓報名成功的聽友能憑票入場。而活動當天，考慮到央廣在印度當地的人手有限，因此測聽員們先幫忙找到幾位熱心聽友，在會場協助接待，好讓上百位聽友能順利入場。

舉辦於二〇〇八年的印度聽友會。

當聽友們開始陸續湧入會場，黃佳山看到角落逐漸堆滿五顏六色的行李箱，他好奇詢問聽友，為什麼會有這麼多行李？聽友告訴他，為了要來參加央廣聽友會，前一天大家就要從很遠的地方出發，帶著行李擠上火車來加爾各答，有的聽友住得更遠，還提前兩天，從一千多公里外的家鄉搭火車來參加。

央廣聽友花十幾個鐘頭、搭火車旅行幾百公里，前來參加聽友會，不是只發生在印度，這也是央廣在俄羅斯、泰國、印尼等幅員廣闊國家的聽友會經驗。熟悉這樣的情況後，央廣在海外舉行聽友會時，常會安排一個特別的遊戲──「誰住最遠」，現場詢問聽友從哪裡來，來自最遠地方、專程來參加活動的聽友，可以獲得央廣的禮物。在印度，有的聽友說「七百公里」，有的說「八百公里」，最驚人的聽友是「一千五百公里」！一千五百公里幾乎是從台北到高雄距離的四倍，令人難以想像聽友花上一、兩天搭火車到加爾各答、新德里，還睡在火車上，只為參加央廣的聽友會。

除了交通，有時天災也為海外聽友會帶來不可預料的變數。二〇一六年十二月初，時任央廣董事長的路平與同仁前往印度南部大城清奈舉行聽友會，卻遇到熱帶氣旋[18]。而前一年，清奈才剛遭遇到世紀最大洪災侵襲，造成交通中斷，當地人記憶猶新，因此對安全格外顧慮。活動前夕，時任節目部副理的黃佳山和清奈聽友會會長賈薩克提維（Dr. T. Jaisakthivel）在下榻的飯店，仍不斷確認隔天聽友會細節，卻接到好幾通聽友來電，擔心天候不佳，取消隔天出席。幸而最後，當天還是有三十多位聽友出席，其中有位收聽央廣十五年的聽友，特地從四百公里遠的地方趕來。

賈薩克提維是新聞傳播學者，任教於印度歷史最悠久的馬德拉斯大學（University of Madras），擔任新聞學系助理教授，教授「廣播和聽眾」課程。他在自己編寫的《*World Radios*》書中曾特別介紹央廣，也在與黃佳山見面時，為央廣分析印度當地的收聽情形，對央廣認識印度聽眾以及清奈聽友會的召開，提供了很大助力。

清奈聽友會後，央廣在新德里舉辦的聽友會，有二十多名聽友與會，都是當

*18. 印度洋的熱帶氣旋等同太平洋的颱風或大西洋的颶風。

地的知識菁英。新德里聽友會會長古普塔提醒數位廣播的重要性，並估計印度的央廣聽友約有上千人。而聽友恰克拉巴迪（Jayanta Chakrabarty）特別分享，收聽央廣廣播，讓他感受到台灣與中國的不同，台灣有「人情味」且「多元化」，台灣與印度都共享民主與尊重多元的價值觀。

央廣對南亞地區的播音，有三、四十年的積累，與當地聽友之間，維繫著長久的友誼。美中貿易戰與新冠疫情以來，台灣在國際上能見度增加，央廣也收到許多印度聽友的來信，表達對台灣的支持。

二〇一六年印度聽友會。

第五章

日常的情緣與災難中的微光

央廣以二十種語言向世界傳播，除了外語，也用華語、台語、粵語、客語向全世界華人廣播，而且與聽眾的關係密切，在全球電台中更是絕無僅有。

這些長年建立起來的信任與聲音的陪伴，不但在日常生活中意義重大，每當災難發生、特別是通訊中斷的時候，透過短波廣播傳遞正確可靠的消息，協助救災，緩解人們的焦慮，更是央廣重要的任務。

☆ 中醫師與小白鶴

二〇一九年八月的某一天，央廣一樓大廳沙發上，有一對日本夫婦等候著，他們突然來訪，說有要事要找日語節目主持人王淑卿。警衛聯繫了時任公關組長的袁淑玲。袁淑玲在央廣工作多年，遇過許多熱情的海外聽友來台灣觀光，旅途中會特別到電台找主持人聚餐或遊玩，但她看到這兩位日本聽友神情慎重，不像是一般聽友與慕名已久的主持人見面的樣子。

在等候王淑卿從桃園趕來時，袁淑玲用英語和他們對話，才知道他們是多年來經常與央廣保持聯繫的忠實日語聽友加藤夫婦。兩人此行是臨時起意來到台灣，因而沒有和王淑卿，他們口中的「王桑」事先約好。幾句對話下來，加藤先生突然用華語說：「我可以說中文的，我聽央廣日語節目好幾十年了，我的中文也是聽央廣開始學的。」

加藤先生告訴袁淑玲，他跟太太聽王桑的廣播，覺得王桑心臟有問題，所以帶了中藥來看她。袁淑玲很訝異，加藤先生怎麼有辦法用「聽」的，就聽出王淑卿的身體狀況？加藤先生說，他跟太太是中醫，從近日她在節目中說話的聲音，覺得她健康欠佳。他們有點擔心，想替主持人把脈。他又說，他們之所以會學中醫，也是收聽央廣日語廣播的介紹而產生興趣，進而到北京學醫，學成後在北海道開一間針灸院，也想透過中醫針灸治療自己眼睛的黃斑部病變，延緩視力惡化。

在等待王淑卿的時間，加藤先生也從袁淑玲的聲音中「聽診」，說她沒有睡好。這讓袁淑玲相當驚訝，因為她前一晚的確失眠到凌晨三點都睡不著。後來，王淑卿來到電台，也證實她近日確實感到心臟不適，正準備去醫院做檢查。

在王淑卿抵達前，袁淑玲端詳著加藤先生，越看越覺得面熟，忍不住問：「請問您有在賞鳥嗎？」加藤先生回答：

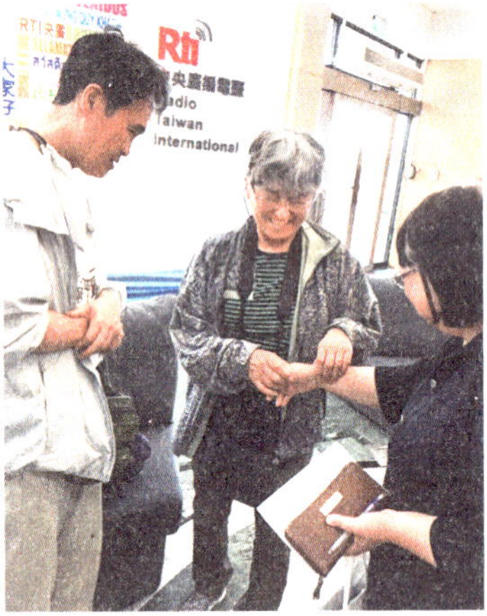

加藤夫婦來到央廣替王淑卿（右一）把脈。

「有，您也有在賞鳥？」這答案讓喜愛賞鳥的袁淑玲激動地說：「您就是《小白鶴的報恩：來自天堂的信差》紀錄片裡的那個日本人！」

加藤先生用中文一字一句慢慢地說：「小白鶴的故事一定還在繼續的，這是很奇妙的緣分！」

《小白鶴的報恩：來自天堂的信差》是一部二〇一七年的紀錄片，在第五十三屆金鐘獎獲得兩個獎項，記錄二〇一四年底一隻意外出現在台灣金山的西伯利亞白鶴。西伯利亞白鶴在全世界不到四千隻，屬於瀕臨絕種的物種，這隻小白鶴可能是在遷徙過程中迷途，孤身一隻來到台灣。金山當地的居民守護這隻白鶴，

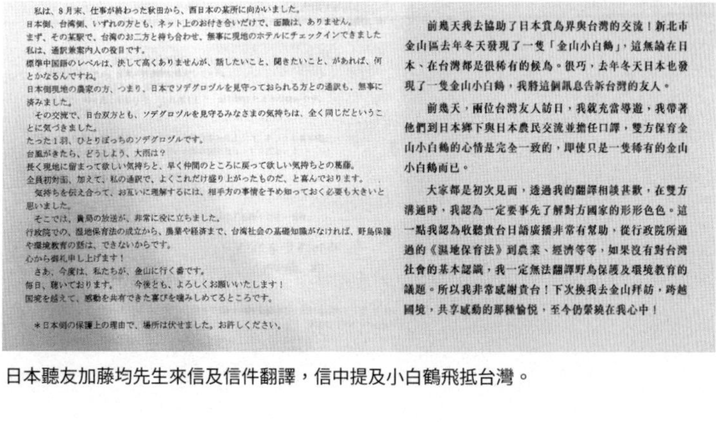

私は、8月末、仕事が終わった秋田から、西日本の某所に向かいました。
日本側、台湾側、いずれの方とも、ネット上のお付き合いだけで、面識は、ありません。
まず、その某駅で、台湾のお二方と待ち合わせ、無事に現地のホテルにチェックインできました
私は、通訳兼案内人の役目です。
標準中国語のレベルは、決して高くありませんが、話したいこと、聞きたいこと、があれば、何とかなるんですね。
日本側現地の農家の方、つまり、日本でソデグロヅルを見守っておられる方との通訳も、無事に済みました。
その交流で、日台双方とも、ソデグロヅルを見守るみなさまの気持ちは、全く同じだということに気づきました。
たった1羽、ひとりぼっちのソデグロヅルです。
台風がきたら、どうしよう、大雨は？
長く現地に留まって欲しい気持ちと、早く仲間のところに戻って欲しい気持ちとの葛藤。
全員初対面、加えて、私の通訳で、よくこれだけ盛り上がったものだ、と喜んでおります。
気持ちを伝え合って、お互いに理解するには、相手方の事情を予め知っておく必要も大きいと思いました。
そこでは、貴局の放送が、非常に役に立ちました。
行政院での、湿地保育法の成立から、農業や経済まで、台湾社会の基礎知識がなければ、野鳥保護や環境教育の話は、できないからです。
心から御礼申し上げます！
さあ、今度は、私たちが、金山に行く番です。
毎日、聴いております。　今後とも、よろしくお願いいたします！
国境を越えて、感動を共有できた喜びを噛みしめてるところです。

＊日本側の保護上の理由で、場所は伏せました。お許しください。

前幾天我去協助了日本賞鳥界與台灣的交流！新北市金山區去年冬天發現了一隻「金山小白鶴」，這無論在日本、在台灣都是很稀有的候鳥。很巧，去年冬天日本也發現了一隻金山小白鶴，我將這個訊息告訴台灣的友人。

前幾天，兩位台灣友人訪日，我就充當導遊，我帶著他們到日本鄉下與日本農民交流並擔任口譯，雙方保育金山小白鶴的心情是完全一致的，即使只是一隻稀有的金山小白鶴而已。

大家都是初次見面，透過我的翻譯相談甚歡，在雙方溝通時，我認為一定要事先了解對方國家的形形色色。這一點我認為收聽貴台日語廣播非常有幫助，從行政院所通過的《濕地保育法》到農業、經濟等等，如果沒有對台灣社會的基本認識，我一定無法翻譯野鳥保護及環境教育的議題。所以我非常感謝貴台！下次換我去金山拜訪，跨越國境，共享感動的那種愉悅，至今仍縈繞在我心中！

日本聽友加藤均先生來信及信件翻譯，信中提及小白鶴飛抵台灣。

幫助牠回到棲地。消息傳出後，吸引國際愛鳥人士來爭睹這隻離家的小白鶴，並伸出援手。小白鶴在台灣生活了五百二十一天後，終於踏上歸途。加藤先生的身影也出現在片中。

片中介紹，加藤先生收聽央廣廣播已有四十五年。他從十二歲那年開始收聽央廣的日語廣播，當時正是台灣跟日本斷交的一九七六年，而他卻透過央廣節目開始關注台灣事物，開啟他長達數十年與台灣的友好情誼。二〇一六年，加藤先生透過央廣節目得知台灣金山出現了一隻過往從未見過的白鶴，他因為有照顧迷途丹頂鶴兩年的經驗，便主動聯繫這部紀錄片的導演邱銘源老師及鳥會朋友，表示願意提供照護經驗。

☆與央廣一同走過冷戰的世代

牽起這個緣分的，正是王淑卿在央廣主持的日語節目。

王淑卿從一九八〇年開始到中廣海外部工作，主持日語節目至今超過四十年。說起她自己和日語廣播的緣分，要追溯到她還在讀大學的時期。當時台灣還無法聽到日語廣播[19]，她的老師會錄下NHK的海外廣播，做為課堂播放的教材，以及讓學生聽寫的習題。這是王淑卿與日語廣播的第一次接觸。

她回憶早年在央廣擔任「自由中國之聲」日語節目主持人時，曾有位北海道的高中生在聽了她的節目後，用自己的血滴在白布上寫成「反共」二字，寄到電台給她。時代的狂飆過去，央廣已從冷戰的「自由中國之聲」轉型成國際電台「臺灣之音」，那位北海道的高中生後來研究台灣，成為大學教授，幾年前曾到成功大學擔任客座教授。他來台灣時與央廣聯繫，提及這段過往，王淑卿才知道昔日的「反共少年」已成研究台灣的學者專家，仍然保持著聽央廣節目的習慣。

還有一位忠實聽友川瀨教授也是從「自由中國之聲」時期聽到現在。他專門研究台灣電影，每次到台灣一定會找王淑卿聚餐。王淑卿對待聽友如朋友般，得以建立聽友們的黏著度與情感。

*19. 台灣在日治時代可以收聽得到 NHK 的日語廣播節目，但在國民政府來台後，廣播有較嚴格的語言政策，不再播放日語節目。一九六〇年代曾經有台灣聽友要組成 NHK 俱樂部而被警總約談。

有位日本資深聽友山田充郎先生，因為長期聽央廣節目，而對台灣的廣播研究相當深入。他從十二歲開始聽央廣節目直到七十幾歲，六十多年間他每天都像寫日記般，鉅細靡遺寫下他的收聽紀錄，例如主持人今天好像感冒了、收聽的聲音品質不佳等等。央廣日語節目開播五十周年時，規劃編一本專書介紹日語節目及歷代主持人，山田充郎先生特地提供一份年表給央廣，裡面有每位主持人什麼時候進電台工作、什麼時候離職、主持雙十國慶轉播幾次等資料。這份年表幫了工作小組很大的忙，讓央廣能以此為基礎，增訂更詳盡的日語節目年表，也讓這本專書得以順利完成。

山田充郎先生年輕的時候，

日本聽友山田充郎一家三代參加二〇二四年東京聽友會。

是一家證券公司法務室的重要幹部。因為他喜歡央廣節目，使得他的孩子從很小的時候也必須「一起」聽。原來他平時工作忙碌，無法按時收聽央廣節目，早期的錄音機又沒有遙控或預設錄音，因此他會先設置好錄音帶，要太太或孩子們在節目播出時幫忙按下錄音鍵，播完時再按下停止鍵。這樣一來，太太和孩子們為了幫他錄音，也都成了央廣的聽眾。王淑卿第一次去日本與聽友見面時，山田充郎先生一家人特別到飯店拜訪她，全家人都覺得和央廣有種特別的情誼。

這份情誼，如同家人般。後來新冠疫情爆發，日本與台灣都進入緊急防疫措施，國境暫時關閉，無法旅行和見面。但兩國又在口罩、疫苗方面互相支援。山田充郎的太太表示很想念王淑卿。等到疫情結束，再次可以見面時，他太太一看到王淑卿就忍不住哭了，給了她一個大大的擁抱。因為是這樣相互牽掛的友情，每當台灣有特殊的新產品上市，王淑卿也會想起山田家而寄給他們，例如小孩子特別喜歡的超商玩偶OPEN小將。這樣的緣分又延伸到下一代，山田家的二女兒結婚對象是台灣人，她成為台灣媳婦，又與住在桃園的王淑卿有地利之便。在山田充郎的引介下，女兒的婆家也和王淑卿相識。相識相交近半世紀，山田充郎告訴王淑卿，他覺得自己跟台灣很有緣。

《中華民國廣播簡史》的作者北見隆，則是另一位央廣日語節目的資深聽友。幾年前，他曾經特別從日本帶了一份包裝精美的禮物到央廣送給王淑卿。王淑卿接過時發現，手裡的重量沉甸甸的，原來是一台精緻的SONY短波收音機。北見隆告訴她，這是他特地帶到台灣要送給她的禮物，這台收音機除了短波外，也可以收到AM或FM的訊號。北見隆送的這台收音機，讓王淑卿聯想起，在台灣戒嚴時期，政府對於短波收音機管制較嚴，有些日本聽友來台灣旅行時，會特地帶著他們的短波收音機同行，讓王淑卿可以聽聽國際廣播。

日本聽友北見隆（右）來央廣參觀。

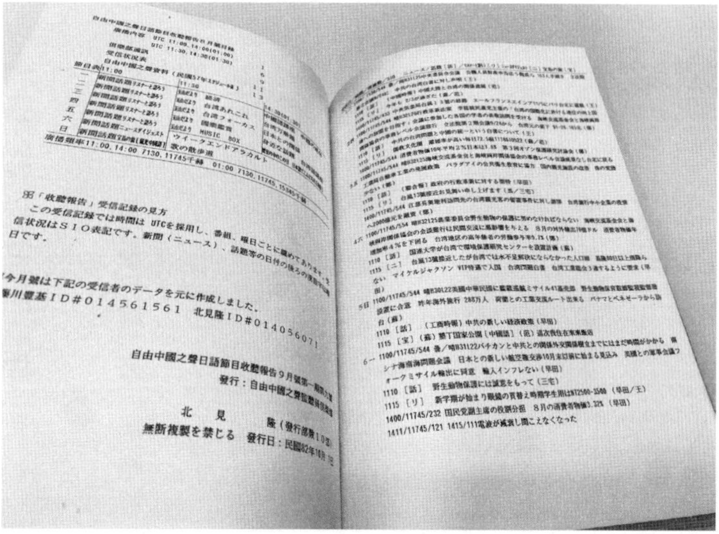

北見隆的收聽報告。

帶著短波收音機去旅行，是喜歡收聽國際廣播的短波迷習慣。他們在旅程中除了會聽聽看當地的ＡＭ、ＦＭ廣播節目，也會測試看看能否接收到自己平日常聽的節目頻率。曾有位日本聽友到英國出差回國後，特別告訴王淑卿，在英國也能收聽到她的日語節目。

☆張四妹與廣播的陪伴

和央廣擁有四十年以上交情的聽友，不只在日本，也在世界各地。其中一位就是張四妹。

生活在馬來西亞的張四妹，罹患罕見的「先天性魚鱗癬症」，皮膚會如魚鱗般不斷剝落，身體飽受滲血、龜裂之苦，需要泡在水裡，加上沒有眼瞼，因此無法生活在陽光下。她的雙親沒有經濟能力送她就醫，加上特殊的外表，使她在二十五歲以前一直被藏在家中的斗室，過著與世隔絕的生活。

二十歲那年，父親送她一台短波收音機。這台收音機成了她與外界的連接。央廣的客語、粵語、華語節目，讓從未上過學的她，學會流利地使用三種語言，並且從節目中聽到許多關於外面世界的描述。她聽到「聽友信箱」主持人讀出聽友的信，覺得很羨慕，便開始寄信給央廣。但那時，央廣的主持人們還不知道，這些信來自一位無法出門上學的聽友，上面的每個字都是她自學而來。

一九八二年，作家柏楊到馬來西亞演講時得知張四妹的故事，返台後在《中國時報》發表「穿山甲人」專題報導（文中以「穿山甲」比喻她因病造成的特殊皮膚外觀），引起回響。台灣民眾發起捐款，長庚醫院也主動提供免費醫療，讓張四妹能夠來台就醫。後來張四妹陸續來台就醫六次，健康狀況也改善了很多。

當時的客語節目主持人袁碧雯記得，一九八二年張四妹首次到台灣就醫時，還是電台新鮮人的她到長庚醫院訪問。沒想到張四妹竟然認得她，知道她在「自由中國之聲」做客語節目，還一一念出粵語節目主持人們的名字。她對央廣節目的熟悉，讓袁碧雯相當驚訝。

採訪結束後，袁碧雯問張四妹，自己能為她做點什麼？張四妹說她想有一本字典，因為不能上學的她，也想要學寫字，有了字典她可以學到更多中文字，袁碧雯聽後立刻去買了一本。張四妹想學寫字的動機，是因為聽到「聽友信箱」節目而想要寫信。在此之前她是請哥哥給她習字簿，又拿報紙要哥哥教她寫字。有了字典，她說，她可以自己學，學得更快。

張四妹寫了二十年的信及收聽報告給央廣，後來因為視力退化，才改用電話與主持人聯繫。雖然來台就醫改善了她的健康狀況，但是後來她又罹患了癌症。即使如此，每當央廣有直播節目，她都會努力 call in。她體格瘦弱，但聲音宏亮，當她 call in 進節目時，除了與主持人對話，還常會高歌一曲給大家聽。她記得每個主持人的生日，總會在生日當天打電話到電台給主持人們送上祝福。每次到台灣就醫，去醫院報到前，她先拜訪的地方往往是央廣，最想見的人是央廣的主持人們。後來當她已接近失明時，她說：「我一定要趁我還能看得到時，再看大家一次！」

張四妹常說是台灣人改變了她，她很感謝台灣。因為當年柏楊為她寫了一篇文章，

馬來西亞聽友張四妹（著黃衣者）於二〇一二年第五度來台就醫時，特別抽空至央廣，與客語主持人相見歡。

才讓她能到台灣接受治療。因為有許多台灣人熱情捐款給她，她將這些捐款存成一筆基金，依靠基金的利息，才能有穩定的生活。二〇二三年是她第一次到台灣就醫滿四十年，那年年底她因病情惡化而離世，享壽七十六歲。

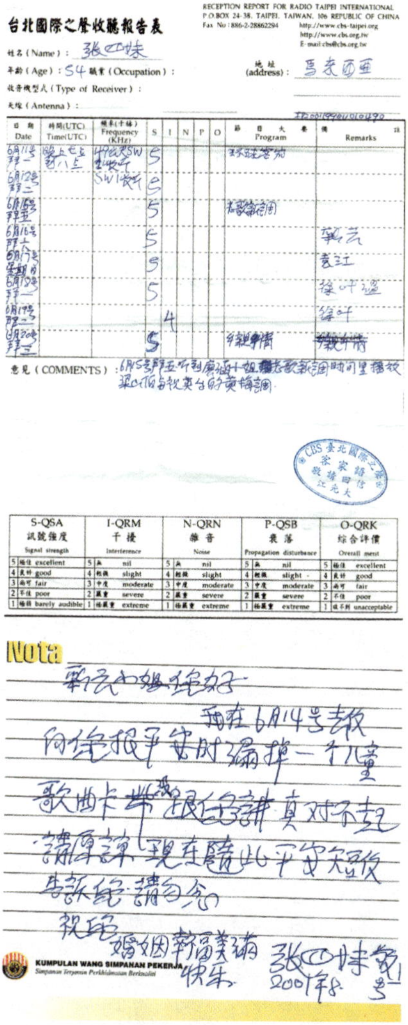

張四妹的收聽報告與來信。

☆ 留尼旺島上的客家人

住在法國的視障聽友黎宇哲，也是透過收聽央廣的節目，連結到粵語和華語的世界。黎宇哲出生在越南，當時因為越南戰亂，物質條件不佳，他的眼睛沒有得到適當的治療，導致後來重度弱視，聆聽央廣的節目為他打開了一個豐富的世界。他在經濟獨立後，每年都會獨自去國外旅遊二至四個月，其中台灣是他特別喜愛的旅遊地，每次來台總會住上兩三個月。有親友曾勸他：「你又看不見，去旅行有什麼意義？難道不是既花錢，又麻煩？」但他總會告訴他們：「到世界各地感受當地的生活，是我的夢想。雖然我看不見，但我想當自己的主人，我的人生、我的時間，我想花在自己有興趣的事情上。」擁有如此人生觀的他，想必是一位心靈富饒的人。

從法國往南到南半球，在非洲大陸東邊，馬達加斯加島再往東，有一個小島名叫留尼旺島[20]。留尼旺島上有一位央廣客語節目的忠實收聽者。

*20. 法屬留尼旺島，是座落於非洲第一大島馬達加斯加東部約六百五十公里的火山島，距離台灣八千六百五十六公里，島上約有兩萬名華人，其中有一群客家人，每天收聽來自台灣的央廣客語廣播節目。

葉保羅（化名）總說自己得天獨厚，央廣發射的短波能跨越印度洋，到留尼旺島的最北邊，讓他可以收到央廣的短波，清晰聽到台灣的廣播。

他將聽央廣節目當成是退休後的人生必修課，每天用做功課的心情聽節目，用一本又一本筆記記錄收聽心得，每週一他會固定「交作業」，到郵局寄鉅細靡遺的收聽報告、節目主持人的信給央廣。每半年他還會集結厚厚的心得筆記寄到央廣，央廣也特地將他的筆記本陳列在文史館。

袁碧雯第一次見到葉保羅時相當震驚。她描述眼前這個人：「從裡到外都是客家，一生只講客語，沒有華語或其他語言，所有思想都是客家。」葉保羅曾細心地告訴袁碧

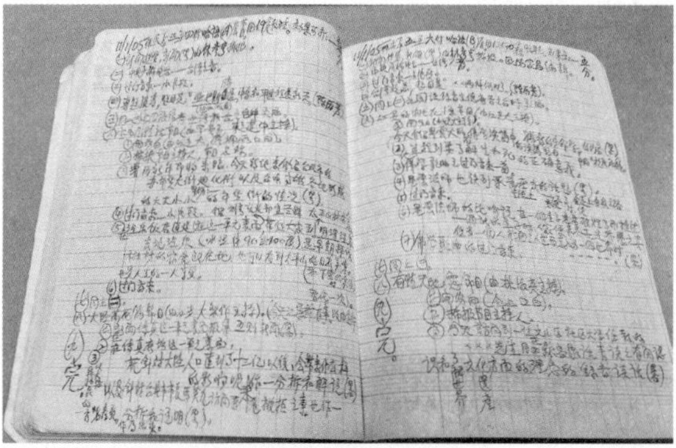

留尼旺島的客語聽友葉保羅的手寫收聽報告。

雯，她在音樂節目中報歌名的時候，會把文言音讀成白話音，比如「你動不動就怎麼樣」這句歌詞的「動不動」，客家文讀音是「tung m tung」（音同：通不通），她卻唸成白話音「tungˊ m tungˊ」（音同：同不同）。袁碧雯表示，她從和葉保羅的通信中獲益良多。

留尼旺島還有另一位忠實的資深聽友李碧廉，客語節目主持人江光大總在節目中稱他為「鄉長」——並不是李碧廉真的當過鄉長，而是客家人對同鄉長輩的尊稱。李碧廉鄉長是當地重要的僑領，一直到八十多歲仍然堅持每年雙十節帶留尼旺僑胞回台灣參加國慶大典，並為央廣主持人準備禮物。

李碧廉收聽央廣節目超過六十年。其中有十多年的時間，每逢週一他會用傳真機，將收聽報告傳到央廣。他的收聽報告和別人不同，用的是他自創的表格，因為他覺得央廣的收聽報告表不好用，便自己動手設計。他會手寫標出日期、收聽的節目、收聽聲音是否清晰。他的收聽報告著重反映央廣節目在留尼旺島收聽到時的品質，是否夠清晰，而不是對節目內容表達個人感受。

李碧廉鄉長在二〇一六年辭世。江光大特地在「與聽眾有約」製作了一個現場紀念節目，開放聽眾 call in。聽友們紛紛從加拿大、越南、馬來西亞打電話到節目中，表達對李碧廉的思念。他們都是五、六十年以上的聽友，雖然空間上相隔大洲與大洋，但卻收聽著同樣的節目，平時也會透過節目互相交流，早已形成一個互相關心的空中大家庭。

在這個空中大家庭裡，央廣透過客語節目連結了世界各地的客家人，從馬來西亞、新加坡、印尼，到印度洋的模里西斯、留尼旺；透過粵語節目，接觸到香港、北美（加拿大、美國）、南美洲與歐洲聽友。原本生活與世隔絕的張四妹、眼睛不便的黎宇哲，透過廣播熟悉多種語言，也和主持人及其他聽友成為朋友。留尼旺島上的

前央廣客語主持人許千蕙於二〇一一年專程至留尼旺拜會資深聽友李碧廉（右），並一同收聽廣播。

葉保羅、李碧廉，無遠弗屆地與全世界客語族群，用共同的母語交談。

☆災難時刻的微光

除了日常的陪伴，當災難發生，特別是當電視或網路有斷電、斷訊的危機時，廣播以它最單純、直接的方式，維持訊息的暢通。停電的夜裡、與外界訊息不通的時刻，像央廣這樣的公共電台，除了帶來有公信力的消息，主持人們的聲音往往也能安撫人心。

二〇一四年四月三日花蓮大地震，全台天搖地動之際，與台灣「共震」的也包括世界各地的聽眾。地震才發生不久，各國聽友的關心立刻湧入。

溫情的訊息跨越國界，從廣播所能抵達的各個角落傳來，遠自俄羅斯的列寧格勒、西班牙的巴塞隆納、德國柏林、南亞的孟加拉，到東北亞的韓國全州、東南亞的泰國南府等地，都有人來訊問候。還有一位日本廣島聽友傳來創作的鋼琴曲錄音表示：「如果能讓受災者得到力量，那就太好了！」

除了世界各國的聽友回應，央廣也是國際外媒倚賴信任的新聞來源。這場地震後，央廣共收到海外十多家媒體邀訪，請各語主持人親述花蓮地震的情況。泰語臉書專頁則一天暴漲一千多個粉絲數，央廣的地震相關新聞分享數合計上萬次。

這也讓泰語主持人陶雲升回想起二〇一六年台南大地震時，有泰國聽友因聯繫不上在台親人，而透過央廣節目「尋人」；一九九九年的九二一大地震，央廣的廣播也曾扮演重要的角色，在緊急事態中溝通台、泰兩地。

九二一震災重創台灣，在台灣的廣大外籍移工族群也同樣受到驚嚇。由於部分通訊中斷，移工的家鄉親人自然萬分擔憂，紛紛呼喚他們回家避難。泰國移工圈也掀起了返鄉潮。

在這樣的時刻，央廣對於廣播媒體的角色有清楚的認知。陶雲升先是邀請泰國駐台代表上節目，又透過勞工處聯繫泰國政府，泰國總理乃川（Chuan Leekpai）決定親自對央廣泰語聽友發表談話。乃川總理鼓勵在台泰籍移工，在台灣有難時，發揮泰國人友善互助的精神留下幫忙，不要捨棄雇主輕言離開，總理將會以他們為榮。乃川總理這段十多分鐘的錄音盤帶由華航空運來台，陶雲升親自到機場接應，帶回電台，製成特別節目播出。

總理的談話播出後，許多泰籍移工留下和台灣人民一起投入災後救援和重建，開挖土機清理坍塌殘骸、救援生還者，參與重建復原工程。當時台灣睡袋一度短缺，台灣的駐泰辦事處便從曼谷向泰方請求支援一批睡袋，緊急運送到中部災區，發放給需要的泰籍移工與當地災民。

正因為深知廣播電台的角色，九二一地震發生的當下，央廣各部門的人員就紛紛連夜趕回台內，製播地震新聞，廚師也守在電台餐廳，烹煮大鍋的熱食熱湯，給加班同仁果腹。印尼語主

央廣泰語節目提供台泰最重要的資訊與新聞。圖為央廣泰語臉書專頁「台南大地震」貼文。

持人陳淑文描述，地震那夜她在家非常慌張害怕，等到天一亮就驅車趕到電台：「一看，公司裡已經滿滿的人，總臺長像個大家長，吆喝我們到地下室的餐廳吃熱麵，那當下好感動啊，感覺央廣就像一個家。」大家吃了熱食，回到崗位上，繼續為聽眾送上最新的消息。

當時因地震斷電、手機斷訊，陳淑文自己備有短波收音機，因此第一時間就透過國際廣播收聽到相關報導。她表示：「很多人質疑短波廣播在現代的功用，其實它就像滅火器一樣，平時覺得無用，但當災難發生，便充分派上用場。」

世界各地的聽友慰問信如雪片般飛來，大量自發性捐款湧入，央廣因此緊急成立專戶，在短短時間內便募集到百萬元善款，轉捐給相關單位。

來自日本的救援很快抵達，有不少日本單位進駐到南投，央廣的日語節目也與南投現場的日本人員即時連線，進行報導。群馬縣一位農夫聽友酒井基，在地震之前就已經長期資助一位南投學生——多年前他從王淑卿主持的節目中聽到南投有位小學生與祖母相依為命，每天中午從學校趕回家做飯給祖母吃，得到「大孝獎」的表揚；他聽了深受感動，在電台與王淑卿協助聯繫下，開始資助這位學生。地震發生後，酒井基聯絡不上這位學生，緊張地拜託王淑卿幫忙尋人。幸好後來知道學生與祖母都平安無事。之後，酒井基又義賣自己種的蔬菜，將所得捐助於南投的重建。

時隔十年，八八風災（莫拉克風災）在台灣南部造成嚴重災情，當時的越語特約主持人范瑞薔薇發起「摺紙鶴祈福」活動，向聽友募集來信，再將信件摺成紙鶴掛在電台內。結果聽眾來信中，竟有好幾封直接夾入鈔票捐款。雖然在台移工大多薪水不高，卻各自捐了幾百、上千元，讓她非常感動。

二〇一一年，日本發生三一一大地震，受創的規模震撼國際，台灣民眾也踴躍捐款支援災區。在震災的艱難時刻，日本東北地區、北海道、福島等受災地區

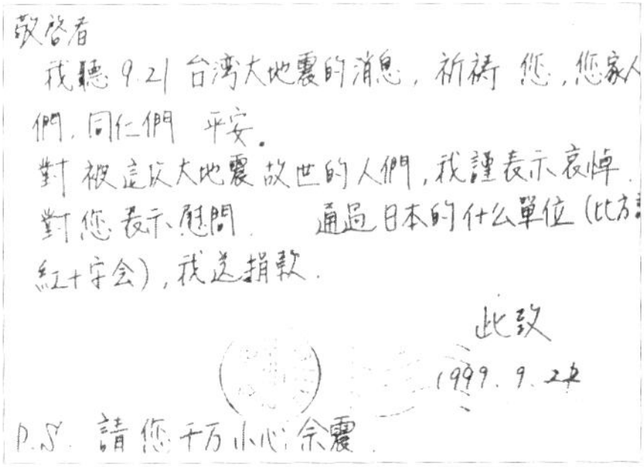
敬啓者
我聽9.21台湾大地震的消息，祈禱 您，您家人們，同仁們 平安。
對被這次大地震故世的人們，我謹表示哀悼，對您表示慰問。通過日本的什么單位（比方：紅十字会），我送捐款。
此致
1999.9.22
P.S. 請您千万小心余震。

九二一地震時，日本聽友來信詢問捐款資訊。

的聽友，從短波收音機聽到央廣的節目，得知台灣和世界各地對他們的關懷。央廣持續製作即時報導，也舉辦募款晚會匯集力量，不過最重要的，還是央廣作為公共電台與新聞媒體的職責角色。日語節目主持人王淑卿協助新聞部製作「三一一大地震專題」，在鍥而不捨地聯繫下，採訪到福島當地的漁會理事，受訪者代表當地的聲音，傳達了漁業業者對福島核災的看法。節目播出後，收到日本聽友回饋，表示那是災難發生以來，他第一次聽到來自福島當地漁會的聲音，央廣關懷的角度與日本媒體不一樣，讓他收穫良多。

日本和台灣地理位置近，日常的往來也很頻繁。但有時央廣也會收到遠在他方的求援，比如我國的友邦海地長時間陷入內戰動亂，不久前，法語節目主持人王心瑛曾收到一位在教會工作的海地聽友來信，描述當地缺糧的情況，希望能透過央廣募集白米。王心瑛趕緊聯繫台灣駐海地大使館和民間慈善單位，盼能協助紓困。

無遠弗屆的電波乘載著日常的希望，也連結著瀕臨絕望的人們。在生命困頓、與世隔絕的時候，或是在災難當前之際，透過聲音電波牽起的聯繫，能讓遠在他方的人也成為彼此的安慰，或是帶來盼望的救援。電波雖然看不見，但透過電波相連起來的聽友和主持人們，就像天上的繁星，在黑暗中發出溫暖的微光。

第六章

讓台灣的你聽到自己的鄉音

央廣對東南亞地區廣播的印、泰、越語節目，在一九五〇年代開播，一直維持至今，已經有七十年的歷史。

一九九〇年代初，台灣開放引進外籍移工後，來自東南亞的移工日益增多。至二〇二四年九月底，在台移工已經超過八十萬人，他們在社會各個角落擔負著各種工作，是台灣不可或缺的成員。

為了讓台灣的移工與新住民，也能在平時或緊急事態發生時，透過廣播收聽到以母語發送的重要訊息，央廣善用長年累積的經驗和資源，開始製播專為在台聽眾服務的東南亞語種節目。二〇〇六年，央廣與漢聲廣播電台合作的「RtiFM」印、泰、越語節目正式在國內開播。移工和新住民們終於有了專屬的廣播節目。

不過，在那之前，央廣的印、泰、越語主持人們早已和移工們建立很深的關係了。

☆抗爭現場響起熟悉的聲音

「等我數到三，請你們放下手上的棍棒，發揮我們泰國人友善的精神，我會幫你們解決問題，好嗎？」在麥寮六輕工業區的移工宿舍，數千名泰籍移工和數百名鎮暴警察正在對峙。這場泰籍和菲籍移工的衝突從前夜爆發已延續兩天，雙方互相叫囂、磚石齊飛，大批警察進駐，包括台塑廠方、勞委會、泰菲兩國代表處等單位都嚴陣以待，卻仍壓制不住現場激烈高漲的情緒。

這時，在場的央廣泰語節目主持人陶雲升向警察借用了擴音器，以他平時廣播的平和語調，用泰語對現場喊話。「一、二、三」，全場屏息等待數到三——群情激憤的泰籍移工們，果真遵照著他們最熟悉的聲音，收回高舉的鐵條和木棒。他們選擇相信這位廣播裡的「陶老師」，暫時放下心中不滿，緊張對抗的局勢，總算緩和下來。

若說陶雲升的聲音在那一刻施展了魔力，也不為過。

這是一九九九年九月的雲林麥寮六輕工業區，台灣爆發了有史以來最嚴重的外籍移工衝突。在這片填海造陸、廣達二千六百多公頃的工業區，海風灌來強勁的沙塵，空氣中瀰漫著工廠排放的濃霧，惡劣的環境中，有兩萬多名外籍移工日夜在這裡工作與生活。

當時，光台塑六輕廠就引進了近一萬五千名外籍移工，其中泰國移工逾八千人，菲律賓移工約五千多人，印尼移工一千多人，尚不包括其他工程外包廠商引進的移工人數。

高壓的工作環境、對異鄉的不適應，加上不良善的管理方式等，讓六輕廠區自一九九四年動工以來，已發生過多起移工衝突事件。一九九九年九月五日這場暴動的導火線，起因於某韓國營造廠的泰籍、菲籍移工爭用宿舍公用電話，雙方的忿懣再次爆發，各自糾眾鬥毆，到凌晨演變成嚴重的流血衝突。

現場數千名移工情緒沸騰，隨手抄起磚石棍棒當武器，甚至投擲汽油彈、放火燒屋，人數之眾連警力也壓制不了，多人受傷送醫，包括CNN等國際媒體都前往報導。

時任央廣泰語節目召集人的陶雲升，因同時兼任駐台泰國貿易經濟辦事處（以下簡稱泰國辦事處）勞工處祕書，隔天一早便和同事趕往調解。到了現場，他眼見泰籍移工手握武器來勢洶洶，菲籍移工大包小包宛若逃難，便站上宿舍廣場中央的小台子，拿起擴音器講話。

當他以泰語自我介紹：「我是陶雲升。」現場頓時安靜下來，因為他們聽到了每天從收音機傳來的、親切熟悉的聲音。

陶雲升接著如老師般溫和開導，先勸大家不要暴躁衝動，接著讓台下的泰籍移工一一發言，傾聽他們抒發廠方各種不合理的待遇，包括伙食被苛扣、電話亭不足、宿舍管理過嚴等問題。他逐條記下，承諾將為他們爭取權益，終於將他們勸離現場，返回宿舍。

當晚陶雲升留宿麥寮，隔天早上，泰菲雙方又因消息誤傳導致衝突再起，於是他再度趕往宿舍前對泰籍移工喊話，以簡單的「數到三」，解除危機。

「當時現場警察都很懷疑，其實我也不確定自己可以嗎，如果數到三他們東西沒放下，那可真糗了！」陶雲升笑說，幸虧之前已有幾次處理勞工群眾場面的經驗，但更重要的，是他以「廣播主持人」的身分講話，「不是代表廠商、仲介公司或官員立場，因此才能獲得他們十足的信任。」

他表示欣慰的是，麥寮事件促成台塑建立外籍移工的管理準則，包括負擔外包廠商所雇外籍移工的伙食費等，順利完成勞資雙方的協調。

時隔六年，類似情況於二〇〇五年八月的高捷泰籍移工事件再次上演。當時，高雄捷運公司引進的一千七百多名泰籍移工，因不滿仲介公司苛刻的管理條件，在岡山宿舍區外暴動抗議，攻擊管理員和警察。陶雲升再度受命前往協調。

他說明，當時內部情況就如媒體所披露的，仲介公司對泰籍移工的管理高壓且剝削，包括不准他們外出購物，卻在內部福利社發行代幣，高價販售物資，甚至經營賭博性電玩從中牟利，並收取高額食宿費等。宿舍區的生活條件也很差，廁所、熱水器嚴重不足，飲用水骯髒，通風不良，且禁止他們打電話、飲酒，甚至不能收聽泰語廣播，「真的就像勞改營。」他不禁搖頭。

後來經勞委會、泰國勞工處等單位介入，會同高捷、仲介公司協商後，不僅協助事件落幕，也藉由相關規定的修正，提升在台移工的勞動權益。

除了日常的陪伴，廣播也曾在國安動盪時刻，穩定移工心情。如一九九六年中國試射飛彈，爆發台海危機，國際媒體大肆報導，在移工圈引起恐慌，不少移工著急地想打包回鄉。陶雲升便邀請泰國辦事處代表上節目，由他在廣播上向移工說明情勢，並保證泰國駐台單位必定會保護在台泰人。

☆為移工規劃的節目

從一九九〇年代起直到二〇〇六年，泰國移工曾是在台外籍移工中人數最多的族群，尤其在二〇〇〇年達到最高峰——那一年，泰國移工占移工總人數的百分之四十四。

但即使如此，當時尚未有任何專為在台移工製作的節目。不過，央廣原有的泰語節目，由於中、短波廣播「溢波」的特性，人在台灣的移工們也能聽到這些節目，這對初來乍到、語言不通的泰國移工們而言，是重要的依靠與安慰。

二〇〇一年央廣開始與高雄廣播電台合作，每週日聯播一小時專為在台移工規劃的泰語節目，透過AM頻道在台灣中南部地區播送，泰語因而成為央廣第一個在國內開闢節目的外語。二〇〇六年起，央廣進一步與漢聲廣播電台合作，在FM頻道推出服務在台聽友的印、泰、越語節目。

節目很快在移工圈傳開。但由於有些雇主因為自己聽不懂內容，而不放心讓移工收聽，陶雲升和同事就在節目一開始先用簡單的中文開場，消除雇主的疑慮。後來有些工廠還特地來向央廣索取節目的錄音CD，在下工後播放給移工們聽。

泰籍移工透過廣播聽見熟悉的鄉音，就像打開一扇小小的窗口，也是在長時間的勞動工作後，難得的放鬆與娛樂。因此他們總是熱烈call in和主持人互動，抒發心聲、分享生活點滴，節目電話永遠被熱線占滿，後來只好從現場接聽改為錄音剪輯後播出。

陶雲升因為同時任職於泰國勞工處，熟悉法令政策，又能藉廣播的平台理解移工需求，傳達他們的心聲，因此深獲信任。他回顧從九〇年代以來，台灣許多重大的交通建設，如北二高、雪山隧道、高鐵，都少不了泰國移工的身影。其中，有十三位泰籍移工在雪隧工程中殉職，在捷運工程中因沼氣中毒而死亡的也不在少數。

多次為移工奔走協調的陶雲升深深感慨：移工幫助了國內的建設和發展，但每當一項工程輝煌竣工，他們卻連名字都不曾被記得。因此泰國勞工處曾建請台灣官方，應為公共工程背後的無名英雄留名，紀念工殤殉職人員，「這也是一個社會文明的展現。」他語重心長地說。

二〇二三年陶雲升同時從兩個職務退休，泰國勞工處頒給他的感謝狀上，特別標舉他在勞工事務領域的貢獻；業界也稱他為「泰國勞工保母」[21]，這是對來台四十多年的他，最貼切的稱呼了。

繼陶雲升之後，新一代的泰語主持人馬靜婷在進入央廣前，也曾在移工仲介公司任職。她認為台灣社會對移工和新住民的偏見持續在減少、改善，泰國人對台灣文化的了解則越來越多，多年來兩國的民間關係比以前良善、融合，「而我的角色，就像一個媒介與橋梁。」

泰語主持人馬靜婷於曼谷聽友會與聽友同樂。

*21. 本文為 พี่เลี้ยงแรงงานไทย，是「中華民國就業服務商會同業公會全國聯合會」頒給陶雲升的感謝狀上，對他的讚譽

☆ 印尼移工的窗口與依靠

在二〇〇六年以後，取代泰國成為台灣移工人數最多的國家，是印尼。

印尼語主持人陳淑文回憶，最早她發現為印尼製播的節目，竟然在台灣也有聽眾，是一九九八年印尼發生排華運動的時候。當時她在電台接到來自台灣南部的聽友電話，詢問雅加達的情況，她才知道，因為對東南亞播音的短波「溢波」效應，台灣中南部地區也能聽到央廣的印尼語節目，雖然訊號不穩，但對印尼移工和新住民而言，卻是他們重要的訊息來源。

接到這通詢問電話後，陳淑文立刻意識到，在那個非常時期，為移工或新住民們提供正確資訊，是非常重要的。於是她立刻向電台爭取，徵用新聞部供中南部收聽的中波（MW）[22]五八五頻道，用每天中午兩小時的時間，播放印尼語節目。

當時印尼排華緊張情勢升溫，陳淑文聯繫熟識的印尼聽友。這位聽友熱心幫忙在雅加達街頭開著吉普車巡行，一面跟她報告目睹的現場狀況。「因為當地資

*22．中波（Medium Wave）：中波廣播透過中頻 AM 頻道的無線電波傳送廣播訊號，夜間傳播效能尤佳，許多國際電台（包括央廣）使用中波廣播來涵蓋較大範圍收聽區域。

訊封鎖，他就像我們的臨時特派員，我連線錄下他的聲音，翻成中文後提供給我們新聞部同仁，成為當時的獨家報導。」

二〇〇三年SARS疫情爆發，則讓同為印尼語主持人的譚雲福深刻體認到「媒體傳播」的重要性。他回憶當時和平醫院封院，陸續傳出死亡病例，全台人心惶惶之際，提供給移工的資訊卻付之闕如。不論電視、報紙或廣播，都沒有東南亞語版本。SARS在台疫情雖僅短暫四個月，卻有三位印尼籍看護因照顧染疫者而感染過世，他因此在心中埋下種子，要為廣大的移工服務。

三年後的二〇〇六年，央廣正式推出在台的印、泰、越語節目，同時製播兩套節目，分為針對海外聽友的「A套」，與針對在台聽友的「B套」。在還沒有智慧型手機、訊息傳播不如現在方便的年代，RtiFM的「B套節目」，是國內唯一播出的印、泰、越語新聞及節目，成為移工在台期間最重要的依靠。三種語言的聽友都相當熱情，尤其非常踴躍來信，二〇〇六年印尼語B套節目開播當年，創下近兩萬封聽友來信的紀錄。

給海外聽友的A套節目，著重在東南亞各地人們感興趣的台灣旅遊和文化題材；B套節目則緊扣台灣的時事脈動，深入移工生活。陳淑文表示，一開始B套節目偏向軟性，例如「歡樂的週末」單元，讓移工call in到電台唱歌，常有好幾個聽友相約好時間一起打進來，合唱家鄉的印尼歌、中文歌，或自編的歌曲。

聽友也常來信坦露心事，她回憶曾有位印尼女性寫信自述來台辛苦工作多年，好不容易存夠錢要返鄉，人在印尼的先生卻交了新女友，而阻止她回家。「她問我怎麼辦，我也愣住了，不知要怎麼回應。」她苦思許久，回信時字字斟酌，試著以合適的方式鼓勵她。後來為了能更好地回應聽友來信，她開始閱讀心理學相關的書籍。

她也遇過來台擔任看護的聽友哭訴，雇主阿嬤常對她發脾氣，陳淑文便勸慰她，應該是老人臥病不舒服，可以試看看幫阿嬤按摩舒緩，「後來她寫信大力感謝我的提議很有用，現在阿嬤全家都很喜歡她。」

陳淑文是印尼第三代華人，大學時來台，一九八〇年進入中廣海外部至今四十多年，她主持的節目長年以來累積了不少忠實聽眾。例如料理節目《美食無國界》，一開始她以自家的廣東菜為主，後來也教印尼移工做台菜，回響很大，常有人把聽節目學的菜色拍照寄給她，分享被雇主稱讚的高興心情。

她與印、台兩地聽友都維持綿長情誼，「我跟他們就像共同革命的夥伴，一起長大，一起老去。」她感性說，許多離家在台的印尼女孩都把她當成「媽媽」一般，「她們說聽到我的聲音，就感覺好安穩。」

印尼看護在台最常遇到的問題，是因伊斯蘭信仰禁食豬肉而產生的衝突。二○二○年五月曾發生雇主強迫看護吃豬肉事件，新聞登上印尼等各國媒體，嚴重損害台灣的人權國家形象。

央廣印尼語節目因此製作專題回應，除了釐清新聞事件始末，並專訪台北清真寺教長、台灣的印尼穆斯林組織代表、駐台北印尼經濟貿易辦事處代表、一般雇主、在台移工朋友等相關角色，平衡表達各方立場，深入議題。

譚雲福表示，當時除了將事件定調為個案，避免升溫成台印問題，也藉由訪談宗教界穆斯林成員，教導在台移工如何化解「豬肉衝突」，包括建議可在料理豬肉後，藉禱告、觸碰泥土等儀式來彌補，以彈性方式適應跨國文化。

☆ 為台灣孩子「尋找失去聯繫的第二個媽媽」

有些東南亞移工來台工作，是擔任家庭中的保母，在雇主小孩長大後，她們離別返鄉，往往就此斷了聯繫。二〇二〇年新冠疫情期間，有位台灣高中女孩許紫涵投書雜誌，尋找幼時陪伴她的印尼「媽媽」。經過譚雲福在廣播中協尋，並將消息轉貼到印尼社群，在台、印多家媒體接力報導後，竟奇蹟地在人口兩億多的印尼茫茫人海中「尋親」成功。台灣女孩與保母隔海視訊相見，兩人都淚眼汪汪，

台灣女孩許紫涵與印尼保姆 Dwi 視訊重逢。

無數關心這個消息的觀眾也跟著深受感動。

台灣有不少孩子，都是在東南亞移工照顧之下長大的，當中也有著無數溫馨的故事。為了珍視這些外籍保母在勞雇關係中的付出，央廣製作了新聞專題，串連三十多家媒體和團體組織，發起「尋找失去聯繫的第二個媽媽」活動，協助「尋親」。這個活動以多種語言在海內外節目露出，促成多組台灣孩子與失聯東南亞保母的重逢，也讓譚雲福更見證媒體的影響力。

同樣地，泰語節目也扮演搭起兩地橋梁的角色。例如早年接受聽眾 call in 的「尋親單元」，幫泰國聽眾聯繫來台工作的朋友，「尋獲率」高達八、九成，可見節目的普及。

☆移工可以信賴的商談者

泰語主持人陶雲升常透過節目解答移工生活的疑難雜症，包括令當局困擾的

「逃逸移工」問題。「很多移工是誤信謠言而『逃跑』，結果四處躲藏，call in 進來吐露實情，我們便教導他們到警局投案的步驟，也透過官方管道爭取他們免被拘留，逐步降低泰籍移工的逃跑率。」

陶雲升表示，聽友因為對節目的信任，較能放下恐懼，安心投案，尤其台灣警察普遍很友善，不少員警還特地學簡單的印、泰、越語跟移工溝通。他印象最深的是有位逃逸移工投案後，被遣返的前夕，還特地從機場打電話來致謝，表示他在投案過程中接觸到的警察對他非常友善，請主持人代他轉達謝意。

在屏東工作的泰籍移工 Apiwat Duang Nin 來信寫道，每天收聽央廣的泰語節目，「不僅可以消除思鄉之愁，還對台灣政經社會及文化更加了解。」聽友 Narin Jiara Wapee 則說，他是忠實聽友，不但在台灣時收聽，工作期滿返鄉後也還是繼續收聽央廣節目，後來他轉往馬來西亞工作，在當地更想念台灣。

還有一種特別的來信，信封上會蓋著一個專有的章，那就是獄中寄來的信。在台因酒後殺人入獄的泰籍移工烏替（Wicharit Pratumtin），在外役監服刑期間努力工作，存錢買了收音機，成為陶雲升的忠實聽眾。他透過陶雲升的華語教學節目學中文，用功讀書，成為台灣第一位在獄中獲得國中文憑的外國受刑人。

廣播節目因為比官方單位更深入民間，也常成為移工和新住民直接求援的對象。泰語主持人馬靜婷回憶約十年前，有一位在台的泰國女孩不懂中文，因為她的台灣男友阻止她與兩人生的小孩見面，她情急之下到央廣泰語節目的臉書留言求助。

泰語聽友烏替參加聽友會。

泰語同仁全力提供幫助，馬靜婷偕同女孩到男友家中溝通，之後又提供法律諮詢管道，也陪伴她上法庭，擔任法庭上的翻譯，一路支持，歷時半年。最後經法院調解，解決了跨國親權的難題。

馬靜婷很欣慰能藉由「媒體」角色的公信力，幫助聽友化解問題。越語主持人范瑞薔薇深有同感，她表示，許多移工習慣透過央廣廣播或網站來確認訊息的真偽。這種信任也展現在他們毫無保留的來信中。曾有位越南聽友來信說他受到雇主虐待，有輕生的念頭，主持人薛素素在節目上為他鼓勵打氣，他走過低潮後，致電感謝節目在那個當下陪伴他，讓他重拾生活的信念。

另一位越籍移工來信形容，初來台時常感到孤單，很想家，有天偶然轉開收音機，居然聽見親切的越南話，原來是央廣越語主持人王一煥的聲音，讓她瞬間感動落淚。

也有聽友早年在越南時，就開始收聽王一煥的節目，歷經來台工作、結婚，二十多年後在台北的央廣聽友活動上前與王一煥「相認」，感謝他的聲音一路陪伴著她，從故鄉到異鄉、直到異鄉成為新家鄉。

☆屬於在台移工的省親活動

泰國移工阿春來台六年，期間僅短暫回國兩次，錯過了孩子大部分的成長；巴孟沙感嘆自己教育程度不高，必須離開泰國到台灣從事勞力工作，最大願望就是兒子努力讀書。

在手機通訊還不發達的年代，長年離鄉的他們，只能在腦海中回憶孩子的臉龐。但這天，阿春、巴孟沙和其他幾位移工參加央廣的活動，當現場的布幕緩緩升起，現身眼前的，居然是他們朝夕思念的兒女。這些孩子們剛下飛機，懷著激動情緒向父母行泰式跪拜禮。親子相見這一幕，令全場熱淚盈眶。

二〇一四年泰語聽友會上，移工的兒女向父母行泰式跪拜禮。

這是二〇〇九年第二屆「泰國優秀勞工子女來台省親活動」現場，溫馨感人的情景，吸引大批國內和泰國媒體報導。

央廣印泰越語主持人與移工族群的互動緊密，電台也傾力給予支持。有鑑於在台打拚的移工與家人闊別多年，央廣自二〇〇六年首開先例，每年輪流為泰國、印尼、越南移工舉辦省親活動，連續舉辦至二〇一四年，藉此撫慰他們對家人的相思，也讓移工家屬來台實地感受台灣民情。

陶雲升回憶，跨國聯絡諸事繁雜，首先得從數萬件雇主和移工的推薦報名函中，徵選出十位人選，接著透過台、泰雙方政府和仲介公司，與移工家人聯繫、拍攝影片，同時募款由航空公司贊助機票，規劃約一週的台灣行程與食宿，包含觀光景點、高中課堂交流、參訪父母工作的工廠等。

二〇〇八年首度舉辦的越南省親活動，是將越南移工的父母邀請來台灣。這些移工的父母大多從來沒有出過國，在央廣的協助下才首度申辦護照。

印尼省親相聚的則多半是夫妻，相擁落淚的畫面令人動容。不少參加的印尼移工在台灣擔任家庭看護，透過雇主的推薦而參加活動。雇主們也藉此機會感謝他們對長輩的悉心照料。

省親活動從策畫、徵選、募款、聯繫到接待，過程非常繁瑣。儘管籌備辛苦，但每次會面情景都令人感動萬分。陶雲升表示，有幾位泰國移工子女，來台灣期間感受深刻，回國後更加努力求學，也繼續和他保持著聯繫。陶雲升看著這些孩子長大，取得碩士學位、考上公務員，也為他們高興。

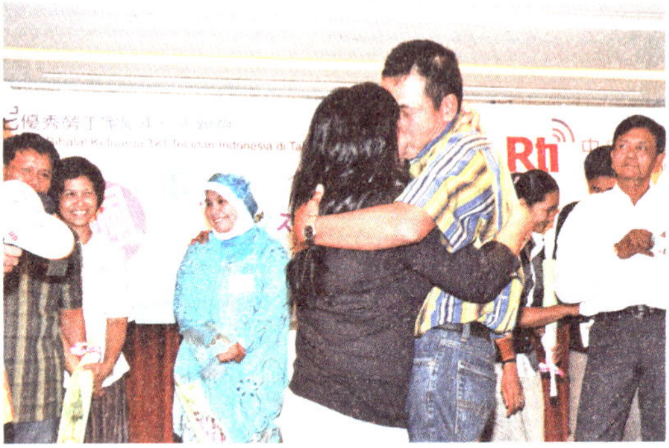
二〇一〇年印尼省親活動，移工與先生久違重逢，深情相擁。

☆力挺移工權益，創造友善氛圍

此外，央廣還透過各種方式力挺移工權益。例如二〇一二年台北車站的「紅龍事件」，起因為印尼移工在八月開齋節時，群聚於車站大廳席地而坐，事後台鐵突然在大廳拉起紅龍，以維護旅客動線為由，禁止任何人在地板歇坐。

「禁坐令」引發輿論關注，批評台鐵歧視移工。次年開齋節台鐵修正了作法，不再驅離在車站聚會的移工。央廣則更進一步於二〇一三年九月中秋假期，特別選在台北車站大廳主辦印尼移工的「台灣好印象」攝影比賽頒獎典禮暨攝影展，主動創造友好開放的氛圍。這也是紅龍事件後，首度借用台北車站場地舉辦的大型活動。

開展當天，許多媒體以「北車大廳解禁」為標題，進行大篇幅報導。曾經拉起隔離紅龍的大廳，展出印尼移工和新住民的攝影作品，呈現他們深入全台各角落的豐富視角，現場印尼、台灣朋友相聚同樂，數百名印尼朋友齊聲合唱中文歌曲〈月亮代表我的心〉。

一九九〇年代後，東南亞聽友的組成，從廣大的僑胞擴展到來台移工，配合政府的第一次、第二次南向政策，台灣與東南亞的交流頻繁，也迎來了更多因跨國工作或婚姻來台的新住民。

央廣前副總臺長孫文魁回憶，過去他參與籌畫RtiFM開播、印泰越省親活動，多少也因自己的華僑身分，更盼能將心比心負起「搭橋」任務，「我們因為語言沒有隔閡，能較快融入台灣，相對地，東南亞移工需要更多資源和接納，而這不就是我們廣播電台該做的事嗎？」

從主持人到聽友，不論是華僑、移工或新住民，他們雖出身於不同的年代、背景和國族，卻靠著「廣播」，擁有了共通的語言。

來台定居二、三十年的范瑞薔薇和譚雲福都不約而同提到，如今東南亞族群已不再是「弱勢團體」，因為移工付出勞動力，間接促進了台灣經濟發展；僑生和新住民的到來，也搭起文化、經貿的雙向交流；隨著社會對各族群日益包容，在台新住民更能看見自己的優勢，建立自信。

從新聞的傳遞、主持人的互動關懷，到舉辦活動關注移工權益，央廣不僅成為東南亞族群仰賴的資訊窗口，也以國家媒體的高度，開風氣之先，爭取移工勞權，營造對新住民友善的社會氛圍。

印尼移工相約台北車站，高唱〈月亮代表我的心〉。

印尼攝影展於台北車站展出。

聽央廣，學語言

央廣除了有十六種外語服務，還有華、台、客、粵語播音。其中，央廣的華語教學節目有悠久傳統：從戰後初期配合國語政策的國語教學節目；到一九九〇年代後，因應在台新住民遽增，亞洲語言組的華語、台語教學節目，收聽率都居高不下。

許多原本沒聽過台灣的外國聽友，因收聽央廣而認識台灣，也透過央廣的華語教學節目學中文。有泰籍獄友在台灣監獄服刑期間，認真學習中文，取得國中文憑；有孟加拉聽友用歪歪斜斜的字跡寄來中文信；更不用說許多唱著自學的中文歌，為主持人祝賀節慶的電話。

印尼語主持人陳淑文表示，她教移工學華語的教材靈感，常來自移工的來信。當讀到移工們詢問，該怎麼跟照護的阿公阿嬤溝通，她便將移工來信中最常問的問題，設計成「最實用的十句對話」等，為移工客製教學內容。

另一方面，為印尼當地聽眾設計的華語教學，則是出於使命：「因為印尼過去有很深的排華情結，以前印尼的華人被打壓不敢說華語，現在由我來教印尼人說華語。」

除了華語教學，央廣近年也推出印尼語、泰語、越語教學節目，是在南向政策下前往東南亞的台商或在台「新二代」學習母語最仰賴的管道。

不論是客語、粵語，或新住民的母語印尼語、泰語、越語，台灣作為族群匯聚的移民之島，各種母語運動也方興未艾，是語言的沃土。央廣以聲音語言的傳遞為根本，持續澆灌語言的花朵盛開，展現包容開闊，連結台灣與世界。

第七章

數位極權時代，聲音還是自由的

獲得二〇一五年普立茲獎的小說《呼喚奇蹟的光》裡，描述二戰期間，一名失明的法國少女與父母雙亡的德國少年，從短波收音機得到安慰。

在真實的世界中，也有無數被極權統治者囚禁、孤立、追捕的人們，透過短波收音機，得到外面自由世界的消息。在台灣的近旁，就有這樣的故事。

☆六四天安門事件

一九八九年春天，當共產蘇聯和東歐掀起民主化浪潮，中國的年輕人們也受到了鼓舞，而渴望改革開放。這股蓄積的民意，在四月十五日找到一個出口。曾經在一九八六年支持八六學潮，被中國青年們視為改革支持者的胡耀邦猝逝，北京大學生以悼念胡耀邦為名，在天安門廣場聚集。悼念行動演變為爭取民主自由、結束一黨專政的示威請願。全國各地大學生湧入北京天安門，占據廣場達一個多月。

對於渴望接觸外界訊息的學生們而言，短波收音機成了他們連接外界的管道。在中國改革開放以前，中共嚴禁民眾收聽境外電台，收聽者會被以「收聽敵台」的罪名判處有期徒刑，短波收音機屬於管制物品。然而一九七八年以後，隨著改革開放，中國政府暫時停止對國際短波電台的干擾，一九八〇年代的中國社會洋溢著活潑的、渴望跟外界接觸的氣氛，青年開始透過廣播收聽西方世界的訊息，如英國廣播公司、美國之音的短波廣播，成為青年們學習英語、接觸西方音樂的主要管道。正因國際廣播能提供外部消息，中國青年學生在一九八九年天安門事件中，大量購買短波收音機，收聽美國之音、央廣的節目。

六四學運領袖之一王丹回憶，當時他們在天安門廣場上靜坐，每天晚上一到八點就把收音機打開，播放央廣的節目，也把節目透過廣場的擴音機播放給現場群眾聽。央廣前鹿港分臺副臺長陳亮光，回顧在那段期間執行播音的情形，知道自己參與了歷史的重要時刻，因為當時天安門廣場上群眾聽到的央廣節目，就是透過鹿港分臺播送到中國。學生占據廣場的那幾個月，鹿港分臺的六〇三千赫發射機也全天無休、二十四小時播音。六月四日當晚，也是他負責值班，操作設備，確保播音穩定，直到天亮才交班。而那時，天安門已經發生了流血鎮壓。

中共在控制天安門廣場後，展開大規模逮捕。香港人士組織「黃雀行動」進行營救和接應。學生領袖與民運人士大量流亡海外，柴玲、吾爾開希、方勵之等人陸續逃往美國、英國、法國及其他西方國家。

央廣前編審劉瑋瑩提到，在六四天安門事件後，編審組有好幾篇節目文稿是針對參與六四事件的個別人士，提醒他們即將被逮捕，盡快離開中國。她說，這些稿子的消息來源是軍事情報局、國家安全局與國民黨的大陸工作會。其中消息最迅速的是軍事情報局，因為有在中國的敵後同志提供的情報。

前編審組組長趙光裕曾經在節目中，播送給中國物理學家管惟炎教授的一封信：「管惟炎，你已經被鎖定了，再不離開會有人身安全的危險，現在是你必須要考慮自己安危和國家前途的最重要時刻，請馬上離開。」管惟炎在中國科技大學校長任內，因與副校

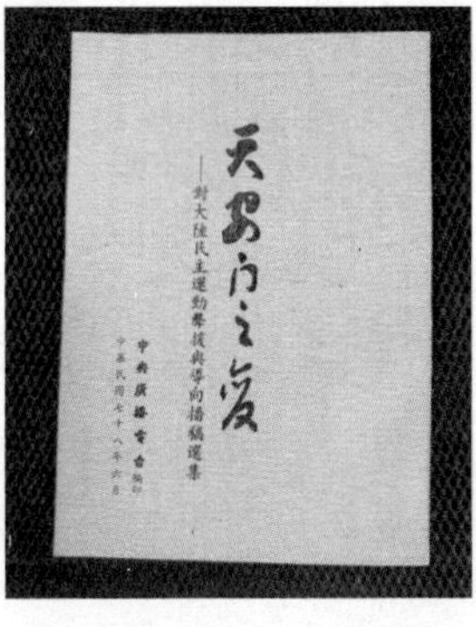

六四民運發生前後，央廣編審組每日撰寫聲援及導向播稿及專文。

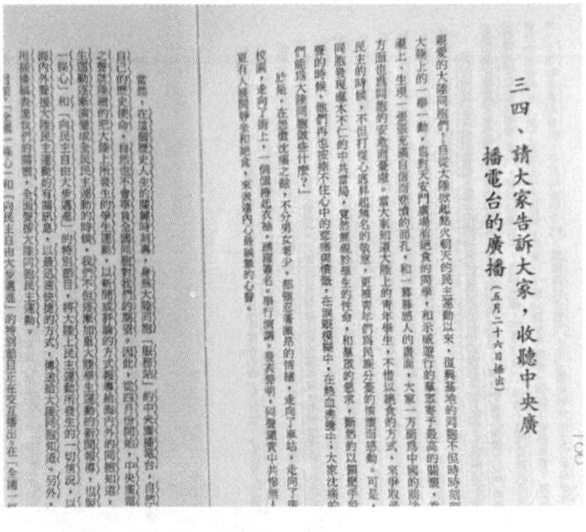

《天安門之變》內頁文稿。

長方勵之支持八六學潮而觸怒當局，兩人同時被免職。六四天安門事件後，他跟方勵之都以研究學者身分流亡海外。一九九一年他在李遠哲、丁肇中、吳健雄及袁家騮四位物理大師的聯名推薦下，成為首位獲國科會延攬來台的傑出中國人士。管惟炎來台後，在清華大學擔任客座教授時，曾和柴玲一同訪問央廣。他特別詢問：當年是誰在央廣節目給他念那封信？他說，如果不是聽到那封信，他無法下定決心離開中國。

六四參與者、歷史學者吳仁華回憶，在長達三個多月的躲藏期間，他需要密切注意外界的消息，特別是中國政治情勢的變化，好判斷自己的處境有多危險、該如何採取下一步行動。他主要靠著收聽央廣和美國之音，得知各國政府的譴責與制裁，以及許多民運人士成功逃離的消息。他後來在黃雀行動幫助下偷渡到香港，流亡美國。

☆九〇年代的兩岸初接觸

一九七九年元旦，中廣海外部「亞洲之聲」的華語節目開始向東南亞播音，以娛樂、文化的內容，打入東南亞民眾的日常生活。因為「亞洲之聲」的發射電波很強，不但原定目標地區東南亞收聽得到，在中國沿海地區也能清晰入耳。相較當時中國官方的廣播節目，「亞洲之聲」經常播放流行音樂，內容也溫馨有人情味，更受聽眾喜愛，在一九八〇年代風靡中國沿海地區。每個月電台收到來自中國聽友的信件，多達兩三千封，都是由郵局裝在麻袋裡送到電台。

六四天安門事件後，中共再次干擾國際廣播，阻擾中國民眾收聽央廣、英國廣播公司、美國之音等國際電台。央廣一整年都沒有收到任何一封來自中國聽友的來信。大概過了一年左右，才漸漸又有中國聽友寫信來。

一九九一年，「亞洲之聲」到中國舉辦聽友會，是六四事件之後台灣首次「登陸」的電台聽友會。

這也是電台備受歡迎的主持人吳瑞文首次到中國開聽友會，在福州機場過海關時，海關人員看到護照上的名字，竟然就認出他是「亞洲之聲」的主持人。一路上，從福州、南京、上海、到北京，在飯店辦理入住時，都有飯店人員告訴他「我是你們的聽眾」。這說明了當時「亞洲之聲」在中國的風靡程度。

雖然「亞洲之聲」在中國如此受歡迎，但考慮到中國的政治環境，不宜公開舉辦「聽友會」，而是用節目主持人到中國旅遊「順道邀老朋友見面」的名義進行。吳瑞文出發前先在節目中向聽友預告，近期會到中國走走，將在某一天入住某間飯店，也公開飯店的電話號碼，歡迎聽友約在飯店見面。

一九九一年亞洲之聲南京聽友會。

聽友會第一站是在南京的飯店，許多聽友從中國各地前來，還有聽友製作布條表示歡迎。有些聽友西裝筆挺，前一天就抵達，卻因為沒錢而睡在飯店外的街道上。在南京跟聽友見面後，吳瑞文一行人就被中國國台辦人員約見，不過當時沒有遭到更多為難。

在這些以「老朋友見面」為名義舉行的聚會中，除了吳瑞文、謝德莎兩位主持人現身，他們也會邀請在「亞洲之聲」中介紹過的流行歌手跟聽友互動。節目事先安排這些歌手們在台北的晶華酒店開現場節目，再由吳瑞文、謝德莎在中國與當地聽友們一起 call in 到節目之中。張學友、劉德華、陳淑樺都曾經應邀出席這些現場節目。

這是在九〇年代，兩岸經過長久隔絕，對彼此好奇，中國聽友也嚮往突破官方禁忌，與台灣接觸。不過，時代很快又變化了。一九九八年，央廣改制為國家廣播電台，中廣海外部併入央廣，吳瑞文也從中廣海外部改到央廣任職。

二〇〇三年，吳瑞文與央廣到北京與國際廣播電台交流，趁機舉行聽友會。

這次吳瑞文卻發現，交流處處受阻，所有行程都有一位中國中央人民廣播電台的人員「陪著」，代央廣收聽眾來信的資深聽友也一度失去聯繫。

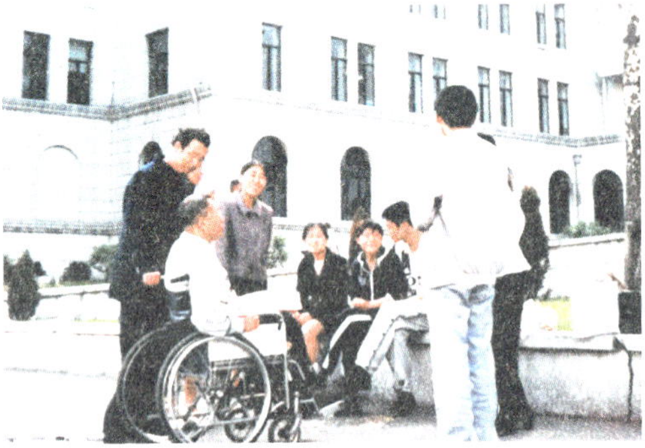
一九九九年哈爾濱聽友會前，聽友提前至酒店外等候。

二〇〇一年哈爾濱聽友會。

☆採訪中國社運人士

二〇〇五年一月，央廣《為人民服務》節目開播。主持人是楊憲宏，節目每週一到週五播出，內容主要從民主化的角度，關注中國的人權情形。《為人民服務》節目訪問過許多中國維權人士，包括盲人律師陳光誠、藝術家艾未未、維權律師高智晟、社運人士胡佳等人，也會採訪台灣政界及人權工作者，解讀台灣、中國及國際的重大新聞事件。每集節目由製作人黃美珍與溫金柯共同策劃、撰稿。

《為人民服務》開播半年後，二〇〇五年七月中國發生國際矚目的「廣州太石村罷免村主任事件」，楊憲宏在節目中訪問協助太石村民的維權人士郭飛雄、北京知名人權律師高智晟、知名異議作家劉曉波、絕食抗爭的太石村民，揭露中共官員使用非法手段搶奪農民土地，出動警力鎮壓村民，僱傭黑社會圍毆律師、維權人士和外國記者。事件經過央廣與國際媒體報導後，成為國際關注焦點。

這是中國經濟成長快速的時期，也是腐敗盛行的時代。維權律師、社運人士出面幫助人們爭取權益，卻也因此身陷險境。黃美珍長年深入研究中國社會問題，與維權人士保持聯繫，到二〇〇八年才第一次隨旅遊團前往中國，與她曾訪問過的維權人士見面。二〇一〇年八月底，黃美珍跟先生溫金柯再度前往中國，這次卻遇到危險，差點被逮捕留置在中國。

他們首先拜訪的是山東大學退休教授孫文廣。孫文廣從二〇〇五年起就被中共禁止出境，他在二〇〇八年參與了劉曉波發起的「〇八憲章」連署，主張中共應該開放選舉，落實真民主，而非只有共產黨指定的人才能當選。他告訴黃美珍，平時每天固定有四輛車在教師宿舍外監控他的一舉一動。他跟黃美珍會面期間，孫文廣的電話不斷響起，接起來時又只有雜音。當時黃美珍推測，可能與監視者有關。

黃美珍夫婦告別孫文廣教授後，第二站去臨沂探望盲人維權律師陳光誠的太太袁偉靜。陳光誠曾於二〇〇五年多次接受《為人民服務》訪談，他被關押後，黃美珍經常電話連線訪談他的妻子袁偉靜。二〇〇九年袁偉靜曾在節目中口述一封給馬英九總統的公開信，楊憲宏轉達給總統府後沒有下文。黃美珍知道袁偉靜也被當局監控，之前去拜訪她的人還遭到毆打，因此行前已有心理準備，或許會遇到危險。

黃美珍跟溫金柯按圖索驥，搭長途公車到臨沂的總站，再改乘當地的「摩的」（摩托車改裝的收費載客車輛，裝有遮陽棚），進入袁偉靜居住的社區大門。寬敞的大路中間有座警衛亭，接著是一排排的房子，黃美珍隱約覺得每一排房子都有一輛車在監看。當抵達袁偉靜住的公寓樓下時，被監看的感覺更強烈了。黃美珍決定自己先上去看看，要摩的的女駕駛陪她上去。上樓來到袁偉靜家門口時，黃美珍敲門，看到來開門的正是袁偉靜，但她故意問：「請問妳是袁楓嗎？」（袁楓是袁偉靜的姐姐）以免被身旁的摩的駕駛知道她是來找袁偉靜的。對方聽到她的聲音便問：「黃絹？」（黃絹是黃美珍在廣播節目中使用的名字），黃美珍點點頭。

雖然心裡很高興能見到袁偉靜、親眼確定她的現況，黃美珍表面還是保持著鎮定。等溫金柯上樓，三人一起進到屋裡，袁偉靜因為擔心竊聽而用氣音小聲地說著話，原來前幾天當局已經從電話監聽到黃美珍要來，派人來搜過一遍了。當時是下午三、四點，屋外陽光並不強烈，屋內卻因客廳窗簾整個拉上而更加昏暗無光。袁偉靜走到窗邊把厚厚的窗簾拉開一個小縫說，監視的人就住在對面大樓的同個樓層裡，因此平日家裡的窗簾一定要拉起來，否則一舉一動都會被看到。黃美珍拿出中秋節月餅、台灣茶葉，還有作家茉莉託她送的小木馬。茉莉在六四後流亡，定居在瑞典。陳光誠的孩子就學時曾被地方政府刁難，當時正是茉莉發動海內外串連、打電話給中國教育機關要求解決。黃美珍也送上索爾孟教授《謊言帝國——中國雞年行》的簽名書（書裡寫到陳光誠與袁偉靜），希望能帶給他們鼓舞的力量。

不久有人來敲門，將袁偉靜帶走問話，黃美珍夫婦只好離開。到了樓下，發現每排房屋旁都有一輛白車，車旁都有一個髮型與衣著相似的人拿著對講機在說話，忽然有人在光天化日下搶奪了溫金柯的背包。黃美珍趕快打電話給楊憲宏，故意特別大聲地說話：「大哥！他們找我們麻煩，你趕快告訴電視台，趕快開記者會，說我們台灣人在這裡被抓啦！」不久，一位模樣像是「上級長官」的人出現，將他們帶去「配合調查」。

兩人被留置調查到晚上，楊憲宏通知了陸委會，由海基會跟海協會聯繫，海協會再聯絡上扣留溫金柯、黃美珍的人，對方才終於結束「調查」，但堅持要開車載黃美珍夫婦到長途汽車站，確保他們離開管轄的範圍，不會再「鬧事」。不過這時已經晚了，車站已熄燈，當天沒有公車可以離開，車站裡有幾個彪形大漢又靠過來找麻煩。黃美珍聽從楊憲宏的建議，住進車站對面看起來最貴的旅館。那幾個大漢也跟著住進同一間旅館，隔天又繼續尾隨他們到長途汽車站搭車，直到確認他們離開監管範圍。

遇到這些事後，黃美珍發燒了，但仍然撐著繼續走完預定的行程。當他們在青島見到民運人士燕鵬的太太時，才知道原來就在他們在山東「配合調查」的期間，他們準備拜訪的人通通被「上崗」（警察上門），包括燕太太開的裁縫店也是。

黃美珍體驗到中共監控網的綿密，許多老百姓平時沒有感覺，一旦碰觸到當局的安全禁忌時，無處可逃的天羅地網就會浮現。

回到台灣十幾天後，黃美珍收到江蘇老家親人的信，信上的日期是他們離開中國那天，信裡寫著大陸現在發展很好、很進步，邀黃美珍有空回去看看，還送了兩件毛衣、一袋花生。黃美珍的叔叔特地從江蘇連續打好幾通電話到家裡，用親情攻勢問候黃美珍，要她有空回老家看看。黃美珍猜想這些訴諸親情的表達，都是國台辦要親戚配合的統戰手法。

對黃美珍而言，她純粹是想實地去見她訪問過的人，知道他們真實的處境。這次的遭遇雖然驚險，但也讓她更了解中國，讓她更堅定地繼續製作中國人權議題，將民運人士的處境傳達給聽眾與國際社會。

二〇一二年，陳光誠成功逃離中共監控後，到美國駐中國大使館尋求政治庇護，之後因腳傷到北京朝陽醫院住院，在美中談判後，陳光誠應紐約大學邀請擔任訪問學者，與家人前往紐約。陳光誠律師因為眼睛看不到，很依靠廣播獲取資訊，平時常聽黃美珍的節目。他在接受黃美珍主持的《放眼大陸》節目訪問時透露「想來台灣」的意願。這次訪談促成了隔年二〇一三年六月，陳光誠在國際矚目下首次訪問台灣，世界各大媒體都專文報導。

為了讓眼睛不方便的陳光誠和他的家人能順利到達台灣，黃美珍和溫金柯特地請個人休假，專程飛到美國去接陳光誠。當兩人走進陳光誠在紐約大學的訪問學人宿舍，才開口打完招呼，陳光誠立刻就認出黃美珍的聲音，開心地叫她「黃絹」。

然而陳光誠的入台簽證，卻一直遭遇延宕，申請了一〇五天才獲批准。當時馬英九政府重視發展兩岸的官方關係，像陳光誠這樣的對岸異議人士入台，被有關單位視為高度敏感。在美國的五天，黃美珍每天打電話聯繫台灣駐紐約辦事處，直到預定班機的前一天才拿到入台證。主責邀請陳光誠來台參訪的「台灣關懷中國人權聯盟」理事長楊憲宏擔心，倘若中國方面有意阻擋陳光誠訪台，甚至有可能在他們一家前往機場途中，使出製造假車禍等手段。為了讓陳光誠一家人能順利到台灣，紐約的民運人士也一起幫忙，分別開著三輛車，載送陳光誠一家四口到機場。當他們一行人抵達紐約甘迺迪國際機場時，華航總經理告訴他們，機場警察已經趕走好幾批來鬧事的人。走進華航貴賓室後，黃美珍也感覺到有人在監視著他們，後來那些人也搭上同一班機，和他們一起到了台灣。

陳光誠此行在台灣訪問了十八天，演講談論中國的人權問題，受到民間熱烈歡迎，時任高雄市長的陳菊、民進黨主席蘇貞昌，與一年前剛代表民進黨參選總統的蔡英文，都與陳光誠會面。時任台南市長的賴清德則是唯一公開和陳光誠會面的地方首長，賴清德邀請陳光誠參加芒果節，兩人一起種下芒果樹。

陳光誠到台灣後，在央廣接受《為人民服務》主持人楊憲宏的專訪。楊憲宏原本安排讓他與身在北京的胡佳電話連線，卻遭受阻擾無法聯繫上胡佳，改跟陳光誠的好友孫文廣教授連線。胡佳傳簡訊告訴陳光誠，早上住家樓下就聚集大量便衣警察，強迫胡佳七十多歲的年邁父母阻止他跟央廣連線，「今天我們還沒有連線，就已經體驗到在大陸，中央對公民言論自由的壓制。他們隨時可以施以恐怖和暴力來剝奪你的表達權。」

其實當時也有台灣媒體試圖對陳光誠訪台冷處理，但是陳光誠訪台吸引許多國際媒體關注，帶動台灣媒體也不能完全漏掉這條新聞。黃美珍希望陳光誠訪台，能讓台灣人更了解發生在中國的真相，而非照單全收中國官方「大國崛起」的大外宣。

陳光誠與太太袁偉靜（右）至央廣拜會，接受楊憲宏（左）專訪。

☆在數位極權時代繼續關注人權處境

經過新冠疫情、美中貿易戰，中國對香港民主的鎮壓、對新疆維吾爾族的壓迫，還有在疫情期間發展得更加極致的數位監控手段，都使得民主國家開始對中共有了警覺，對於中國人權問題也更關注。

二〇二四年，央廣的中國新聞播出了胡佳一段長達十五分鐘的獨白，令聽者落淚。那是胡佳的好友、維權人士齊志勇過世時，央廣嘗試要做的紀念採訪。胡佳與齊志勇都是黃美珍經常聯繫採訪的社運人士。齊志勇在六四事件發生時，在天安門廣場上遭受鎮壓部隊槍擊，失去了他的左腿。此後他將餘生用在積極爭取中國民主化，和為身心障礙者爭取權益，經常接受國際媒體採訪。在歷經三十年頻繁地被當局逮捕、拘禁的人生之後，齊志勇於二〇二四年一月在北京過世。

齊志勇過世後，央廣記者程寬厚聯繫採訪胡佳，打了三次，對方都聽不到聲音。但很有默契地，胡佳知道一定是來自海外的電話，並且對方的來電一定與齊志勇有關，於是在聽不到聲音的情況下開始說話。

「我不知道你是誰，可是你還沒掛掉電話，我想，你是想聽我講的。」就這樣，胡佳開始對著電話傾訴，回憶剛過世的好友齊志勇，與他在齊志勇生前想去探望、死後想出席葬禮，都不被允許的遺憾。這段獨白，經由央廣將聲音傳出，讓許多人聽到中國人權的真實現況。

央廣與民主的價值

央廣董事長賴秀如認為，央廣作為國家公共媒體，在當今這個時代最重要的任務：其一是對全世界的華人說明台灣的民主自由，向國際傳達真實的中國樣貌；二是加強與世界的連結，持續參與國際廣播協會並與國際重要廣播電台如英國廣播公司、美國之音、法國國際廣播電台、德國之聲等建立合作關係，包括節目互播、舉辦論壇和與國際合作的專業課程等，積極地與國際合作。

央廣於一九九九年加入國際廣播協會，到二〇二四年第四度出任協會的執行委員。國際廣播協會執行委員在國際媒體界扮演重要的角色，不僅要制定廣播電視的規範，針對世界重大事件討論因應對策，對各國民間媒體也有很大的約束和影響力。更重要的是，秉持並維護著新聞自由的精神。今日俄羅斯電視台原本也是國際廣播協會的成員之一，卻在俄烏戰爭爆發後大量散播假消息，因此被協會除名。從這點就可以看出，國際廣播協會維護新聞自由的價值觀。

對央廣與民主國家的媒體夥伴而言，當今這個時代的挑戰，是需要謹慎面對數位極權國家的新聞封鎖與假訊息散播。這不是任何一家電台能單獨做到的事。價值相近的民主國家需要彼此合作，發揮各自的文化、語言優勢，來避免世界在極權國家的假消息操弄中傾斜沉淪。

曾經，國際短波廣播在二十世紀初被廣泛運用，從戰爭時期的動員，到冷戰時代的宣傳，廣播都曾經在其中扮演重要的角色，這也是一段央廣曾經參與的歷史。不過如今，民主陣營的電台不再是「戰爭的工具」，而是「和平的工具」——它必須對峙極權國家的新聞控制以及如俄羅斯等國的戰爭宣傳，讓聽眾聽見新聞自由下的真相，得以自己做出判斷。

另一方面，在這個多元的世界中，廣播也必須承擔更多的角色，讓人們能夠有效地溝通，得到陪伴與撫慰。就像央廣為移工製作節目，讓移工擁有可靠、具公信力的資訊來源和熟悉語言的情感陪伴。近年香港逐漸失去政治和言論自由，不少港人移民到海外，央廣的粵語節目也期望能為各地的粵語聽眾，提供一個以母語溝通、抒發情感的媒介。

人們或許會說，這是一個分歧、動盪的時代。但對廣播而言，透過電波傳播出去的聲音、話語，始終是傳遞著我們所重視的價值。從台灣發出的播音，主持人與聽友之間的對話，用共同語言交流的關懷，所傳遞的，正是民主與自由的信念。

尾聲

廣播的共感時代

二〇二二年，俄羅斯全面入侵烏克蘭。

一發動戰爭，俄羅斯便封鎖了境外媒體的網站。英國廣播公司、美國之音、自由歐洲電台（RFE）、德國之聲、法國國際廣播電台，在俄羅斯國內都不再能夠連上。

原本隨著網路時代來臨，英國廣播公司在二〇〇八年停止在歐洲使用短波廣播。此時卻因為俄羅斯封鎖網路，短波廣播反而成為反制新聞封鎖不可或缺的工具。二〇二二年三月，英國廣播公司宣布重新啟用了二戰時期的短波廣播技術，因此現在烏克蘭基輔與部分俄羅斯地區，可以聽到英國廣播公司的新聞。

多達一百五十家歐洲廣播電台，在戰爭初期便串連播送反戰歌曲，聲援烏克蘭；烏克蘭國家廣播電台也在戰時調整部分節目，把每日戰況以八種語言播送給中東歐國家[23]。二〇二四年，因俄羅斯徵召古巴傭兵加入戰事，對古巴播音的美國馬蒂廣播電台（Radio Martí）也在烏克蘭境內使用短波發送西語廣播，向在烏克蘭戰場上參戰的古巴人喊話。另一方面，散播假消息的俄羅斯國家媒體今日俄羅斯則被國際廣播協會除名。

香港從二〇一四年雨傘運動[24]以來，中國官方的管控越趨高壓，二〇一九年反送中運動後的整肅，氣氛更加嚴峻。央廣粵語主持人劉螢表示，有香港網友擔心被封網，因而重投短波收音機的懷抱，「他們在當地感受到對言論的壓制，用網路怕遭到追蹤留下紀錄，因此許多人轉往海外尋求發洩，或透過與海外聯繫來表達意見，不少年輕聽友因此認識了央廣的粵語節目。」但人民對海外廣播仰賴劇增，也引起中共當局注意，央廣粵語節目近年在中

*23．引自台灣數位外交協會／數位外交研究室，〈探尋花都巴黎與倫敦 BBC，原來媒體可以這樣為國家發聲〉，《換日線》網站 https://crossing.cw.com.tw/article/17023。

*24．二〇一四年香港人民為了爭取香港特首選舉落實真普選，發起「占領中環」和平運動，自九月延續到十二月，期間因民眾持雨傘上街抵抗警方的催淚彈，也被稱為雨傘運動、雨傘革命。

國受到的干擾日益嚴重，需不斷調整頻率「突圍」。

在數位極權崛起，並試圖控制新聞、散播假消息的今天，短波廣播成了民主陣營突破封鎖、傳播真相的工具。另一方面，極權國家則視廣播為威脅，流亡美國的維吾爾詩人塔依爾・哈穆特・伊茲格爾（Tahir Hamut Izgil）的回憶錄《等待在夜裡被捕》中就提到，中國在開始對新疆採取更嚴峻的控制行動之前，已先禁止人們使用短波收音機。

另一方面，中央廣播電臺一路隨著台灣的歷史、民主化的腳步而演化，走出了一條既本土、又國際的路徑。

二〇二一年四月九日，鎮瀾宮「大甲媽」遶境起駕，現場被人潮擠得水泄不通，四周鑼鼓喧天，深夜的廟埕在燈光和炮火的照耀下，亮如白晝。央廣二十多位華、外語主持人一字排開，在直播台上向全世界即時轉播這場台灣最大的宗教盛會。

「大甲鎮瀾宮遶境的歷史始於……。」「媽祖鑾轎已經準備好……。」央廣主持群分以英、俄、法、西、德、粵、日、韓、泰、印尼、越等十一種語言，輪流對著鏡頭播報「大甲媽」的即時動態。這是央廣首度與鎮瀾宮合作直播，現場畫面透過影音平台播送到亞、歐、美洲與中東等世界各地，也以中、短波廣播向各國播放。

不論外籍或台灣主持人，許多人都是第一次親臨遶境現場，並且將廣播結合直播，透過Facebook、Instagram、YouTube等網路社群和媒介播出。西語主持人左伊帥（Iker Izquierdo）直呼興奮，法語主持人王心瑛則說在期待之餘也備感壓力。他們全都事先做了好幾週的功課，查找、翻譯台灣廟宇與地方文史知識，並在現場針對每個細節，臨場反應補充各種說明。

央廣以十一種語言共同直播大甲媽起駕。

廣播與社群媒體的結合，讓主持

人們與世界各地聽眾的互動更直接。過去動輒數十天的跨國書信往返，如今透過email 或 Facebook 留言，回應只需彈指之間。

台灣是一個言論自由、宗教與價值觀多元的地方。「央廣」這座電台，前身有日本帝國為南進政策而在台灣建造的放送所，有位在中國南京國民黨黨部裡的政令宣傳電台，也有冷戰時期美國西方公司協助興建的基礎設施，更有經歷了民主化的台灣所累積的點點滴滴。歷經從二戰、冷戰，到和平時代，這座電台從昔日戰爭時代的媒體，蛻變為今日傳遞和平與自由的聲音。這座電台本身就像個小小聯合國，聚集了來自天涯海角、說著各種語言的主持人。如今透過電波向世界播送的，不是戰爭的宣傳，而是和平的日子裡，台灣這塊土地上多元的一切；透過聲音相連的，是跨越國境與空間、人與人之間真實的關懷與共感。

世界仍然變化著，廣播想必也會繼續伴隨我們走向新的時代。在新的時代裡，繼續連接起這座島嶼，與地球各個角落的人們。

附錄

央廣大事年表

重要時代紀事	年代	台灣廣播／央廣重要紀事	
	1928	・台灣總督府設立台北放送局	・國民政府於中國南京成立中央廣播電臺
	1931	・台灣放送協會成立	
第二次中日戰爭開打	1937	・日本當局籌設民雄放送所	・蔣介石透過央廣發表廬山宣言
	1938		・央廣中央短波電臺完工
	1940	・民雄放送所完工	・中央短波電臺改名國際廣播電臺（Voice Of China, VOC）
第二次中日戰爭結束	1945	・央廣接收台灣放送協會與轄下放送局，其中台北放送局改名為臺灣廣播電臺	
國民政府遷台	1949	・央廣來台，改組為中國廣播公司。以自由中國之聲 (Voice of Free China) 對外播音	
美國通過《共同安全法案》對台提供美援	1951	・中廣成立大陸廣播組、外語組	
	1953	・民雄分臺新機獲美援完工	
	1954	・美國以「西方公司」為掩護介入對中國心戰廣播，中廣大陸廣播組擴大成立大陸廣播部	
	1957	・中廣方言組與外語組合併為海外組	
	1960	・大陸廣播部開闢「聽眾信箱」節目，鼓勵聽友來信及進行心戰宣傳	
美援結束	1965	・受新聞局委託辦理海外廣播，中廣海外組擴大成立海外廣播部，以自由中國之聲為台呼製播 13 語節目：華、台、粵、客、潮州、西藏、英、日、越、馬來、韓、阿拉伯、法	
中國文化大革命開始	1966	・大陸廣播部開播《三家村夜話》節目	
	1969	・鹿港分臺完工啟用（設備向美國「大陸電子公司」採購）	

重要時代紀事	年代	台灣廣播／央廣重要紀事
	1970	・海外廣播部開闢華語教學節目
中華人民共和國取代中華民國在聯合國的代表權	1971	
	1972	・中廣大陸廣播部正名為中央廣播電臺
	1974	・中央廣播電臺脫離中廣，直屬國民黨中央委員會

重要時代紀事	年代	中央廣播電臺（央廣）	中國廣播公司（中廣）海外部
蔣經國接任總統 中國改革開放	1978		・中廣海外部共製播 14 語節目：華、台、客、粵、潮、英、法、日、韓、泰、印、越、西、阿
台美斷交，美國通過《台灣關係法》 美麗島事件	1979	・《鄧麗君時間》開播	・於自由中國之聲外，另成立亞洲之聲，以華、台、客、粵、潮、英、泰、印尼語對中國與東南亞播音
	1980	・央廣改隸國防部	
	1981		・與美國家庭電台合作互播，於北美地區播音
吳榮根投誠	1982	・央廣製播記者會現場特別節目	
民進黨成立	1986		・德語開播
宣布解嚴 開放兩岸探親	1987	・央廣開始減少對中國心戰廣播節目	
蔣經國逝世	1988	・央廣奉指示銷毀中國聽友來信，以保護聽友身分	
天安門事件	1989	・主持人孫越六四當天於中正紀念堂直播，聽到天安門槍響	・央廣及中廣海外部部分頻率、中廣新聞稿全天候播出天安門廣場動態

重要時代紀事	年代	中央廣播電臺（央廣）	中國廣播公司（中廣）海外部
三月（野百合）學運 波斯灣戰爭爆發 兩德統一	1990	・廢止《共軍官兵起義來歸獎勵辦法》	
終止動員戡亂時期，新聞局正式停止廣播電視台的歌曲審查	1991		・亞洲之聲首度赴中國辦聽友會
通過《就業服務法》，正式引進外籍勞工	1992		
	1994		・韓語停播 ・俄語復播（自 1973 年中斷）
台海飛彈危機 李登輝當選第一次全民直選總統	1996	・通過《財團法人中央廣播電臺設置條例》	

重要時代紀事	年代	央廣重要紀事	重要聽友會
印尼排華事件	1998	・中廣海外部與央廣合併，改制為財團法人中央廣播電臺，以 CBS 臺北國際之聲、亞洲之聲為台呼 ・網路廣播正式上線	
李登輝發表兩國論 麥寮泰籍移工衝突事件	1999	・民雄分臺成立國家廣播文物館 ・德國之聲訪台與央廣簽約	・首度赴德國科隆舉辦德語聽友會
九二一地震	1999	・各語聯合製播《祝福台灣——國際大連線》12 小時 921 地震現場節目 ・韓語節目復播 ・新聞局委製西語節目經 13 個駐西語國家外館供當地電台播出 ・加入國際廣播協會	

重要時代紀事	年代	央廣重要紀事	重要聽友會
陳水扁當選，為第一次政黨輪替的總統	2000		
	2001	・前往巴拉圭協助電台裝機工程 ・陳水扁接受央廣專訪	・印尼語雅加達聽友會成立 ・赴廈門、哈爾濱、南昌等地舉辦中國聽友會
	2002	・取消亞洲之聲，相關節目併入台北國際之聲	
SARS 疫情爆發	2003	・華語台呼改為「來自台灣的聲音」，外語台呼改為「Radio Taiwan International」	
	2004	・協助查德國家廣播電台（RNT）修復短波發射機	
高捷泰籍移工衝突事件	2005	・華語台呼改為「臺灣之音」 ・韓語第二次停播	
	2006	・RtiFM 印泰越語節目於漢聲 FM 頻道合作播出（2016 年結束） ・前往布吉納法索協助電台重建裝機工程（2008、2009 兩度前往協助維修工程） ・泰籍移工省親活動。而後泰、印、越輪流舉辦至 2014 年	・首度赴南亞（印度、孟加拉）舉辦英語聽友會
兩岸大三通	2008	・數位攝影棚開播，製作影音節目	
日本三一一海嘯	2011	・日本宮城縣災民透過央廣尋求援助	
台北車站紅龍禁坐事件	2012	・央廣籌劃於台北車站辦理在台印尼聽友大型活動	

重要時代紀事	年代	央廣重要紀事	重要聽友會
	2013	・台北車站舉辦台印攝影展 ・第 48 屆金鐘獎 31 項入圍，創當時國內廣播史上單一電台入圍項目最多紀錄，獲獎 6 項	・首度赴莫斯科舉辦俄語聽友會
太陽花學運 越南反中事件	2014	・央廣各語第一時間採訪報導 ・越南語主持人即刻於節目及社群安撫聽友	
	2016	・德語開播 30 周年	・首度赴奧地利維也納舉辦德語聽友會
	2018	・法、西語短波停播	
香港反送中運動 台灣通過同婚法案	2019	・國慶大典首度以 15 種語言即時轉播	・首度赴阿根廷舉辦西語聽友會
Covid-19 疫情爆發	2020	・法、西、韓語短波復播	
	2021	・大甲媽起駕遶境，以 11 種語言現場直播	
俄烏戰爭開打 裴洛西訪台	2022	・開設烏克蘭語臉書專頁 ・菲律賓語網路廣播開播	
以色列－哈瑪斯戰爭開打	2023	・央廣第一個華粵雙語跨媒體實境節目《歹勢打攪晒》上線。 ・馬來語廣播開播。	・主辦「印尼卡蒂妮在台慶開齋」及聽友活動。 ・首次於印尼加里曼丹辦理印尼語聽友會。 ・首度邀菲律賓聽友到央廣相見歡。
0403 花蓮大地震	2024	・俄語復播 30 周年 ・阿拉伯語 Podcast 開播	・各語聽友會持續舉辦，獲德、日、泰、阿、菲、印尼語聽友的熱烈響應

短波時代

從冷戰到民主，從情報播送到和平之聲，讓世界聽見臺灣之音

MM
001

作　　者：林欣誼、周馥儀
責任編輯：王君宇、林芳瑀
責任企劃：藍偉貞
整合行銷：何文君

副總編輯：陳信宏
執行總編輯：張惠菁
總編輯：董成瑜
發行人：裴偉

圖片、音檔提供：中央廣播電臺

裝幀設計：張巖
內頁排版：張巖

出　　版：鏡萬象
發　　行：鏡文學股份有限公司
　　　　　114066 臺北市內湖區堤頂大道一段 365 號 7 樓
電　　話：02-6633-3500
傳　　真：02-6633-3544
讀者服務信箱：MF.Publication@mirrorfiction.com

總 經 銷：大和書報圖書股份有限公司
　　　　　248020 新北市新莊區五工五路 2 號
電　　話：02-8990-2588
傳　　真：02-2299-7900

印　　刷：漾格科技股份有限公司
出版日期：2024 年 11 月初版一刷
I S B N：978-626-7440-51-3
定　　價：430 元

國家圖書館出版品預行編目(CIP)資料

短波時代：從冷戰到民主，從情報播送到和平之聲，讓世界聽見臺灣之音 / 林欣誼，周馥儀著. -- 初版. -- 臺北市：鏡文學股份有限公司，2024.11
256 面；21X14.8 公分
ISBN 978-626-7440-51-3(平裝)
1.CST: 中央廣播電臺 2.CST: 廣播事業 3.CST: 歷史

557.76　　113016387